本专著受到西南大学中央高校基本科研业务费创新团队项目（SWU1709115）以及一般项目（SWU1609153、SWU1509506）资助

网络关注下的中小股东治理行为研究

Governance Behaviors of Minority Shareholders under Online Attentions

胡茜茜　朱永祥　著

中国财经出版传媒集团

经济科学出版社
Economic Science Press

图书在版编目（CIP）数据

网络关注下的中小股东治理行为研究/胡茜茜，朱永祥著.
—北京：经济科学出版社，2018.5
ISBN 978 – 7 – 5141 – 9335 – 0

Ⅰ.①网…　Ⅱ.①胡…②朱…　Ⅲ.①互联网络 – 应用 –
上市公司 – 企业管理 – 研究 – 中国　Ⅳ.①F279. 246 – 39

中国版本图书馆 CIP 数据核字（2018）第 088891 号

责任编辑：黄双蓉
责任校对：杨　海
责任印制：邱　天

网络关注下的中小股东治理行为研究
胡茜茜　朱永祥　著
经济科学出版社出版、发行　新华书店经销
社址：北京市海淀区阜成路甲 28 号　邮编：100142
总编部电话：010 – 88191217　发行部电话：010 – 88191522
网址：www. esp. com. cn
电子邮件：esp@ esp. com. cn
天猫网店：经济科学出版社旗舰店
网址：http://jjkxcbs. tmall. com
固安华明印业有限公司印装
710 × 1000　16 开　9.25 印张　200000 字
2018 年 5 月第 1 版　2018 年 5 月第 1 次印刷
ISBN 978 – 7 – 5141 – 9335 – 0　定价：41. 00 元
（图书出现印装问题，本社负责调换。电话：010 – 88191510）
（版权所有　侵权必究　举报电话：010 – 88191586
电子邮箱：dbts@ esp. com. cn）

前　言

随着中国资本市场的发展演变，市场规模不断扩大，投资者数量与日俱增，对中小投资者的保护逐渐成为学术界关注的焦点。国内外学者们从各类内、外部公司治理主体出发，对中小投资者保护机制及其效果进行了广泛研究。但令人遗憾的是，这些保护机制仍不能很好满足中小投资者的现实需求。与此同时，近几年来，互联网突飞猛进的发展使得依赖于网络媒体平台关注公司信息的中小投资者得以更加充分地了解公司，中小投资者在互联网环境中逐渐展现出新的治理角色，从而更加引人注目。然而，网络关注所带来的决策信息是否能够引导中小股东更为积极地通过网络投票参与股东大会发声，抑或是通过卖出股票"用脚投票"？进一步地，这些治理行为究竟能否为保护中小股东权益产生积极影响？现有研究显然还未能给出满意答案，而这正是本书的研究需要解答的问题。

本书在系统回顾中小投资者保护、投资者关注、公司治理以及股东积极主义的相关理论与文献的基础上，结合我国互联网发展的背景，着重探讨以下两个问题：（1）网络关注对中小股东的治理行为有什么影响？（2）中小股东的治理行为对其自身利益保护如何？

针对上述问题，本书展开了以下研究，各部分主要内容如下：

第1章，首先介绍了研究背景和意义，并回顾和梳理了本书拟研究问题的国内外相关文献。在此基础上，介绍了研究思路和研究方法。最后，在展开正文之前，对网络关注、中小股东治理行为等关键概念进行了界定。

第 2 章，回顾了相关基本理论。这部分为后文理论分析和逻辑推导的理论依据，是全书重要的理论基础。根据所要研究的对象，这一章首先回顾了投资者保护理论，这其中对以法律论和契约论两大分支分别进行了概括和梳理。另外，针对本书的主要研究对象——中小股东，为更好地将其区别于其他投资者，还回顾了中小投资者保护理论。其次，梳理了两类委托代理理论及其在中国的应用，这是公司治理问题产生的核心理论，也是本研究的逻辑起点。最后，本章还回顾了投资者关注理论和股东积极主义理论，并强调在互联网环境下，这两种理论在解决公司治理问题上的理论趋势。

第 3 章，分析了网络环境下的投资者关注及中小股东治理行为变革。这部分是全书的制度背景，为后文的实证研究作了不可或缺的铺垫。这部分首先对我国互联网发展环境和现状作了较为全面的分析。在此基础上，对互联网环境剧变背景下投资者关注的变化作了归纳总结；最后，进一步基于公司治理环境的变革，对中小股东进行公司治理的动机、手段进行了深入剖析。

第 4 章，实证分析了网络关注对中小股东治理行为的影响。这一部分主要围绕着中小股东的表决权和转让退出权，对投资者网络关注对中小股东治理行为的影响进行了实证研究。具体而言，本章在前面理论分析的基础上，实证检验了网络关注对中小股东"用手投票"、"用脚投票"及其行为偏好的影响，以揭示在互联网环境下，中小股东这一治理主体发生的治理角色转变。

第 5 章，从中小股东利益保护的角度，实证检验了中小股东治理行为的微观经济后果。具体而言，这部分在双重委托代理理论的框架下，分别对中小股东的"用手投票"和"用脚投票"两种治理行为是否能够有效降低公司的两类代理成本进行了实证检验，即从降低利益受损程度的角度进行了探讨。这部分间接揭示出中小股东这一新的治理主体通过表决权和转让退出权对自身收益权的保护。进一步地，在上述结果的基础上，还对中小股东治理行为的治理机制进行了检验。

第 6 章，针对上述研究结果，概括了研究结论、政策启示和研究不足。首先，肯定了网络关注对中小股东治理行为的积极促进作用以及相应的治理效应，其次，在研究结论的基础上，针对监管部门、网络媒体以及上市公司分别给出了政策启示；最后，归纳了研究局限，为未来研究工作的改进和完善指明了方向。

在研究过程中，本书采用了演绎推理和归纳总结等研究方式，还辅以对行为金融学和心理学理论进行逻辑推理。在理论研究基础的铺垫下，使用了多元回归的实证研究方法对具体问题进行了检验。在实证研究中，使用爬虫技术收集了网络公开数据，并结合我国互联网的新形势，构建了多元回归模型进行检验，分别采用了描述性统计、工具变量、系统 GMM 估计等方法，并进行了各种稳健性检验，以保证研究结果的可靠性。最后，本研究主要得到如下结论：

第一，网络关注促进了中小股东的治理行为。具体而言：（1）中小股东参与公司治理的行为，无论是"用手投票"还是"用脚投票"，都随着网络关注程度的提高而显著增加。（2）网络关注程度会影响中小股东治理行为的相对偏好，即随着网络关注程度增加，中小股东对"用手投票"的偏好程度相对于"用脚投票"逐渐上升，反之，则对"用脚投票"相对于"用手投票"的偏好程度逐渐上升。上述结论表明，在投资者网络关注的推动下，随着信息不对称程度的减弱，中小股东的公司治理行为逐渐多元化，中小股东逐渐开始采用积极的方式（用手投票）进行发声，这反映出在网络新形势下，中小股东已不再满足于做一个"冷漠的搭便车者"。这一发现为完善公司治理机制揭示了新的参与主体，也为投资者保护理论增添了新的保护机制。

第二，中小股东"用手投票"和"用脚投票"分别通过行政介入机制和市场压力机制发挥了治理作用，可以有效降低经理的代理成本，但是对减少大股东利益侵占无明显效果。具体如下：（1）中小股东"用手投票"能够较好地提升经理代理能力和降低经理在职消费，而用脚投票仅有助于约束经理在职消费行为。（2）中小股东"用手投票"对经理代理能力的提升作用在国有企业中体现得更为突出，反映出这其中存在着行政介入机制；"用脚投票"对经理在职消费的抑制作用在非国有企业中体现得更为显著，反映出这其中存在市场压力机制。（3）中小股东治理行为对来自大股东的利益侵占行为未见有显著的约束作用。这些结论表明，中小股东的治理行为对于缓解第一类委托代理问题有积极作用，不同治理行为的作用机制反映出我国几轮国有企业改革和系列反腐措施已初显成效，对未来发展提供了理论指导。

对于上述研究，在前人的研究基础上，本研究有如下创新：

第一，本研究突破现有从行为金融视角研究投资者关注经济后果的范式，从公司治理视角探讨了投资者网络关注对中小股东治理行为的影响，拓宽了投资者关注理论的应用范围。

第二，本研究基于中小股东的权益体系（知情权、表决权、退出权和收益权），探讨了网络关注对中小股东各种治理行为产生的影响，丰富了中小股东权益体系的理论内涵和投资者保护理论。

第三，本研究尝试构建了中小股东治理行为的研究分析框架，并将其"用手投票"和"用脚投票"两种正式治理行为纳入同一个框架中进行了实证检验，能够更为客观地刻画中小股东这一治理主体的治理行为及其治理效应。

第四，将中小股东视为积极治理主体进行了研究，并基于互联网的新环境，给出了有异于传统公司治理文献中关于中小股东"冷漠"假设的经验证据，这进一步丰富了公司治理理论。

目 录
CONTENTS

第 1 章

导　　论

1.1　研究背景及意义

1.1.1　研究背景

中小投资者是资本市场的重要参与者，也是上市公司重要的资金提供者，其权益保护关系到投资者的信心，也关系到公司的财务状况和发展潜力，更关系到资本市场的健康发展和活力。中国资本市场经过多年的发展，规模和效率都得到了极大提升。2015 年度中国证券登记结算公司对中国证券市场的统计显示，中国内地 A 股市场股票账户约为 2.1 亿户（包括深圳、上海两地的全部有效账户），当年新开户投资人 2616 万人，当年 A 股成交额超过 250 万亿元人民币。

从我国资本市场的发展现状来看，中小投资者个人持股数量少，但持股人数众多。2015 年中国大陆流通市值中，"散户"（即自然人持股）超过 90％的持股市值在 50 万元以下档次，而机构投资者中只有不到四成处于该档次。此外，从年末投资者人数来看，截至 2015 年底，自然人投资者占 99.87％，而机构投资者个数仅占 0.03％。因此，中小投资者的权益保护一直以来都是监管层、实务界和学术界亟待解决的核心问题，创造公开、公平、公正的投资环境对于促进市场发展具有重要意义。对此，我国政府高度重视中小投资者的利益保护工作，出台了一系列政策法规和配套措施。2015年，先后发布了《国务院办公厅关于进一步加强资本市场中小投资者合法权益保护工作的意见》和《关于加强证券期货投资者教育基地建设的指导意见》及配套指引，从政策导向上明确了全方位保护中小股东权益的决心。

但是中国资本市场中中小投资者数量极其庞大，且在市场中一直处于弱势地位，并且这种状况长期存在。根据投保基金公司发布的《中国资本市场投资者保护状况白皮书——2015年度A股上市公司投资者保护状况评价报告》的总体情况来看，投资者保护评价得分和投资者满意度指数较2014年均有所下降，反映出我国中小投资者在公司治理中因处于信息劣势且治理成本高而受到公司内部人利益侵占的现象较为严重，抗风险能力和自我保护能力明显不足。因此，中小投资者的公司治理参与程度不高，其权益保护仍有较大提升空间。

令人欣慰的是，随着互联网几十年的发展，互联网新闻行业逐步进入了相对成熟的发展阶段，为向社会公众提供信息发挥了重要的传播作用。作为最早一批互联网应用，互联网新闻见证了网民从PC互联网到移动互联网的迁徙，经历了早期简单的新闻媒体"报道上网"到各类新闻网站和商业门户网站引领网络新闻潮流、微博、微信等社交平台信息传播以及移动新闻应用快速发展的阶段。根据互联网信息中心数据显示，互联网新闻市场已经形成庞大的用户规模，截至2016年6月，互联网新闻用户已达5.79亿户，最近半年网民使用比例为81.6%，每天上网看新闻的网民比例高达61.9%，其中，财经新闻占网民评论新闻的20%，占网民转发新闻的16.3%[①]，这反映出通过互联网了解新闻资讯已成为网民的日常习惯，互联网新闻已成网络高频应用。新的信息技术为网络新闻传播带来了巨大深远的影响，原有单一、线性的传播形态被彻底颠覆，网络新闻传播的影响力从广度到深度都前所未有地得到了提升。同时，互联网渗透网民的日常生活日益加深，移动端即时

---

① 数据来源于互联网信息中心发布的《2016年中国互联网新闻市场研究报告》。

便捷的特征满足了用户获取新闻资讯的信息需求，网络媒体已成为网民获取信息、表达观点的重要渠道，也为同为网民身份的中小投资者获取公司或市场信息、增强其知情权、改进投资决策起到了极其重要的作用。

与此同时，互联网的迅速发展还推动了中小投资者在公司治理中更为积极地行使表决权。虽然自2004年起，我国深交所就发布了《上市公司股东大会网络投票实施细则》，并持续修订至2016年，以维护中小股东表决权，为中小股东更好地参与公司治理创造条件。但事实上，在互联网尚未完全普及的早期，网络投票对于绝大多数中小投资者都存在一定障碍，网络使用成本和网络风险问题使得这一便利的治理方式变得可望而不可即。而数据表明，从2009年开始，我国移动互联网和智能终端进入了突飞猛进的发展阶段，这一时期无论是网络使用费还是终端购置费均逐年下降，再加上网络基础设施的不断完善和网络风险控制技术的不断革新，越来越多的中小投资者得以通过网络投票参加股东大会行使表决权，中小股东积极地参与公司治理成为可能。

因此，在互联网及网络媒体飞速发展的背景下，中小股东的治理成本大幅降低。网络关注下中小股东能否成为新的治理主体？其治理效应如何？显然，现有理论和大多数经验研究忽视了网络这一重要的现实背景，因为缺乏有力的经验证据而无法回答前述问题。因此，本研究将为此展开探索寻找相关经验证据。

1.1.2　研究意义

有效地保护中小股东权益在于良好的公司治理机制。为此，需要多种因素一起作用。一方面，公司控股股东和管理层需要勤勉尽责，另一方面，中小股东也要积极介入，维护自身权益。而网络的发展为中小股东提供了一个便利参与治理的契机。网络关注使得中小股东获得了必要的决策信息，使其能够更为理性地使用"用手投票"（通过互联网进行股东大会投票）或者"用脚投票"（通过网络进行股票交易）的方式发挥其公司治理作用、约束和限制大股东的不当行为。因此，我们认为无论在理论研究还是指导现实方面，基于网络关注视角研究中小股东治理行为的问题都具有研究意义。

（1）理论价值

首先，探讨投资者网络关注对中小股东治理参与的影响，将投资者关注理论延伸到解决公司治理问题上，能够拓宽投资者关注理论的应用范围。本研究从公司治理角度，将投资者网络关注以及中小股东治理参与二者之间形成逻辑关联，理论分析并实证检验影响效应及作用机制，深刻揭示网络关注对中小股东治理行为产生影响的深层次原因。

其次，立足于互联网新环境，研究中小股东公司治理行为对两类代理成本的影响，能够进一步丰富公司治理理论和股东积极主义理论。现有文献在中小股东的公司治理作用问题上存在着一定的偏见和分歧。本研究通过对中小股东治理是否能够降低代理成本进行检验，发现来自新形势下的重要经验证据，以增加公司治理机制相关研究积累，并为后续研究提供基础。

（2）现实意义

完善公司治理机制、加强投资者保护对于完善我国资本市场具有极为重要的现实意义。本研究有助于相关部门对网络关注下的中小投资者治理行为进行正确的认识和理解。此外，本研究所取得的结论对于资本市场监管部门、资本市场的投资者、上市公司和其他利益相关者都具有极为重要的实践价值。

首先，对资本市场监管部门而言，本书的研究结论为其在制定资本市场的监管法规和优化制度安排，以便于中小投资者参与公司治理，提供了丰富的理论依据和翔实的经验证据。此外，对于研究所表明的网络关注的治理作用，市场监管者应当重视网络的作用，深化、细化市场监管，严格约束市场违法违规的行为，并借助网络的力量创新投资者保护和监管机制。

其次，对于市场参与主体的上市公司而言，相关研究结论证实：网络关注会以一种无形监督的方式形成"外部的非正式治理"效应，形成对中小投资者参与公司治理"吸引力"，公司在内外两种治理效应下，有助于对其控制人和管理层的约束，重视中小投资者的利益，减少对投资人利益的侵害。

最后，对于中小股东来说，本书的研究结论能够帮助其肯定自身参与公司治理的积极意义，增强其治理行为对公司内部人利益侵占的约束能力。此外，还可有助于强化他们对网络媒体的认知和关注度，借助网络媒体信息有效识别上市公司。

1.2　国内外研究动态综述

本书主要研究网络关注下的中小股东治理行为，这其中探讨了"网络关注对中小股东治理行为的影响"和"中小股东治理行为对其利益的保护"两个具体问题。而投资者网络关注实质上是以网络媒体为载体而衍生出来的一种治理机制，因此，本研究主要梳理了"中小股东治理行为的影响因素""中小股东的治理效应"以及"投资者关注对中小股东治理行为的影响"三个方面的文献。

1.2.1　中小股东治理行为的影响因素研究

随着互联网环境的剧变，李维安（2014）认为，传统的公司治理模式也随之发生了重大变革——中小股东等积极治理主体应运而生，公司治理成本大幅降低，新的治理手段开始出现，信息自披露和非官方披露得到强化。此外，从逻辑上判断，中小股东作为被大股东利益侵占的对象，对其自身利益的保护本就有着最为直接的诉求。因此，近年来，中小股东参与公司治理逐渐引起社会各界的关注，有关中小股东治理行为的影响因素和形成机制的研究也在逐渐兴起。由于国内外的制度环境和股权结构存在巨大差异，中外学者在对中小股东治理行为的影响因素的研究上也存在较大区别。

（1）国外相关文献回顾

由于国外二级市场以机构投资者为主，个人投资者仅占极少比例，因此，国外学者主要以机构投资者为对象进行了研究，并且与此类问题相关的研究主要体现在股东积极主义方面的文献中（Chen et al.，2010）。股东积极主义的影响因素主要包括公司层面因素、积极主义者因素和环境特征因素三大类，但其中绝大多数实证研究集中于公司层面因素，并使用了代理理论框架（Goranova，Maria Ryan & Lori Verstegen，2014）。因此，考虑到本书的研究重点，此处仅讨论公司层面因素。

许多学者都将公司规模和业绩作为股东积极行为的影响因素进行了检验。他们的研究结果表明，积极的股东更倾向于以那些股票市场表现次优的公司为目标公司（Bradley et al.，2010；Ertimuretal.，2011；Smith，1996）。但也有研究表明，以大公司为目标时，股东的积极行为往往能够创造更多的价值（DelGuercio & Hawkins，1999），因为大公司对于股东而言更加难以被有效监督，因而更容易招致代理问题。还有研究发现，公司规模、负债水平和机构投资者数量与股东行为正相关，而公司业绩与治理行为负相关（Karpoff，Malatesta & Walking，1996）。史密斯（Smith，1996）也认为，公司规模和机构投资者所有权与股东积极参与正相关。但是，对冲基金不同于其他积极股东，因为它偏好收益更高、财务更健康的公司（Brav et al.，2008；Klein & Zur，2009）。有研究表明，公司的盈利能力和现金持有量与对冲基金的积极行为正相关，而负债水平与之负相关（Klein & Zur，2009）。此外，还有学者发现，公司的资产流动性、Tobin's Q 值、杠杆率以及研发费用都与对冲基金的参与行为负相关（Edmans，Fang & Zur，2013）。

在以公司治理为导向的因素中，作为股东和经理之间的利益一致程度的代理变量——经理持股水平也是被研究得较多的因素之一（Ryan，Buchholtz & Kolb，2010）。有着较高持股水平的经理被认为能够更多地为其决策后果负责，因此，经理持股水平较高的公司也不容易吸引积极股东（Faleye，2004）。布雷夫等（Brav et al.，2008）研究发现，对冲基金的目标和市场价值、Tobin's Q 值以及股利负相关，但是与机构投资者持股以及治理评分正相关。此外，公司业绩和经理薪酬之间的失调也会引起股东的不满，因为它意味着丧失了缓解代理问题的机会（Ertimuretal.，2011；Ferri & Sandino，2009；Cai & Walkling，2011）。蔡和沃克林（Cai & Walkling，2011）研究发现，公司规模、忙碌的独董、独立的机构持股以及与业绩相关的薪酬敏感度都与股东参与行为正相关。然而，薪酬激励可能并不足以解决代理问题，甚至会引发新的问题（Ferri & Sandino，2009），因此，董事会和股东的监督便成为了必要。

此外，部分学者还认为，独董也是公司层面的一个重要的影响因素。独董越多，可能会制约经理的代理能力（Beatty & Zajac，1995），并且从股东利益出发进行更多监督（Desai，Kroll & Wright，2005）。但有趣的是，学者们发现，有着更多独董的公司似乎更能吸引积极股东（Ertimur et al.，2011）。CEO 薪酬、公司规模和董事独立性都与股东积极行为正相关，而公司绩效和利益侵占指数与之负相关（Ertimur et al.，2001）。

（2）国内相关文献回顾

不同于国外二级市场的投资者构成情况，国内二级市场以个人投资者的"散户"为主，因此，国内学者大多对此问题以个人投资者作为中小股东进行了研究。这类文献中有一部分学者采用了理论研究或案例研究法。徐向艺（2004）通过理论分析认为，除司法救济制度之外，股东的投票权（用手投票）和退出权（用脚投票）是其在公司治理活动中实现收益、对代理人进行控制的两种手段，并指出网络技术的进步对中小股东参与公司治理具有激励作用。郑秀田（2015）通过理论模型分析认为，中小股东的行为选择会受到中小股东对上市公司的持股比例、监督成本、存在或不存在中小股东监督时的上市公司治理结构完善概率、中小股东抛售公司股票时遭遇价格下降的损失、为重新寻找适合的投资渠道所需要投入的成本等众多因素的影响。张玮玮（2015）通过案例研究发现，互联网环境下，中小股东的信息劣势地位和监督成本较高的问题得到了缓解，提高了其参与公司治理的积极性，而这一功能的充分发挥还需要管理层和大股东的配合。虽然，理论研究可以为实证研究起到重要的理论支撑作用，但依然存在研究结论缺少经验证据的缺陷。而案例研究的结论也无法适用于大样本，因此，其研究的有效性和适用性仍有待检验。

而另一些学者选择使用实证研究法对中小股东治理行为的影响因素进行探讨，但是受制于网络投票直接数据的非公开性，国内此类文献非常有限。这其中，黎文靖、孔东民等学者的一系列研究较有代表性。黎文靖、孔东民等（2012）研究发现，当控股股东存在严重的代理问题，而在该上市公司中机构投资者具有较高的持股比例，中小投资人参与网络投票的比例就会较高。此后，黎文靖、孔东民等（2013）还发现，当上市公司的信息透明度水平与中小股东投票的积极性负相关时，中小投资人参与投票的比率也会受到股权结构的影响，并且当信息越不透明时，前述的负相关关系更趋显著。

公司股权结构也会影响中小股东的投票参与率，且在信息透明度更差的公司更显著。孔东民等（2013）进一步发现，公司治理水平与中小股东的网络投票参与率负相关，投资者情绪与中小股东的网络投票参与率正相关。此外，汪炜、叶建宏（2015）的研究结果表明，投票议案的信息不对称程度和利益相关性是投资者参与投票的重要动因。

（3）对现有文献的评述

上述国内外研究对揭示中小股东治理行为的影响因素起到了不可或缺的作用。国外的相关文献较为丰富，但由于制度环境和公司股权结构特征上的差异，其结论在我国的适用性有待进一步检验；国内研究起步较晚，并且许多文献研究样本区间涉及了全流通之前，中小股东投票权尚未具有完备性①，因而研究结论的时效性受到影响；此外，国内外大多数文献只是侧重于从积极治理方式（如用手投票）的角度进行探讨，较少将"用手投票"和"用脚投票"两种方式纳入同一个治理框架内进行考虑，对二者关系的探讨也显得不足；在互联网日趋普及的背景下，网络信息大大降低了中小股东的监督成本，信息不对称程度减弱，这相当于放松了许多传统文献中中小股东的监督成本和治理成本较高的隐含假设，也使得上述部分公司治理文献对现实世界的解释力受到限制。

基于此，以互联网普及环境为背景，对中小股东的两种治理行为的影响因素进行探讨，是在新形势下对既往研究的重要补充和完善，也是我国互联网新环境下的中小股东维护自身权利的理论指导，对提升投资者信心和资本市场活力有着重要的现实意义。

1.2.2 中小股东治理效应研究

赫希曼（Hirschman，1970）较早地提出了股东的发声和退出策略，其

---

① 根据李雪峰（2003）对于中小股东投票权完备性的观点，在当时的时代背景下，中国并不存在真正意义上的接管机制且市场投机具有一致性，因此，股东"用脚投票"的权利并不完备。

框架已经被后来的学者用于检验积极股东使用的不同机制（Marler et al.，2010；Admati & Pfleiderer，2009；Rojas et al.，2009）及其有效性的条件（Ryan & Schneider，2002），是后来学者研究中小股东参与的经济后果问题极为重要的研究基础。他认为，退出是指对公司业绩不满的以市场为基础的一种经济反应，在投资中通常被称为"华尔街漫步"，意思是不满意的股东出售股票。相反，发声则是一种使用交流的方式来纠正业绩偏差的政治回应，它试图改变所购买或持有公司的运行、经营策略和经营成果。随着国内外股东积极主义的不断兴起，学者们基于不同的样本，通过实证或理论研究，研究了中小股东的各种治理参与行为对公司产生的影响。

（1）国外相关文献回顾

随着越来越多公司丑闻曝光和金融危机的爆发，美国联邦和州政府已针对股东制定了监管规则，以增强其在公司重要决议（如经理薪酬和董事提名）中的话语权（Scannell，K.，2009）。同前述情况一样[①]，国内外制度环境和公司特征存在较大差异，国外学者多以机构投资者为研究对象或未对股东性质作特别区分而展开相关探讨。但即便如此，鉴于国外相关研究起步较早，成果异常丰富，这些文献依然与中小股东治理参与的问题高度相关（Hamdani A. & Yafeh Y.，2013），并有着较高的借鉴参考价值。

公司治理的相关文献认为，股东的发声机制是一种不可避免的选择，尤其是当巨额股份使其退出变得困难或成本高昂时更是如此（McLaren，2004；Rya & Schneider，2002）。对于传统股东权利而言，大量持股意味着财务回报能够超过治理成本（Edmans & Manso）。此外，也有部分学者研究表明，机构投资者需要至少持有10%~15%的股份才能得到管理层的注意（Black & Coffee 1994），并且在卖出大量股票时能够对股价产生财务影响（Parrino et al. 2003），因此，持有大量股票的股东能够通过退出机制的威胁来对管理层施加经济压力并影响其决策（Marler et al.，2010）。有学者认为这一威胁可以被视为一种发声（Admati & Pfleiderer，2009）。然而，参与治理且持股较少的股东却并不拥有这种传统的权力（Gifford，2010；Lee & Lounsbury，

---

① 与前文中小股东治理参与的影响因素研究中所述原因一致，此处不再赘述。

2011）。此外，由于小股东参与的发声方式可以被解释为是一种社会行为，可以被用来追求公平（Hollenbach，1973）或更为广泛的社会变革（Proffitt & Spicer 2006；Sjöström，2010）。因此，古德曼等（Goodman et al.，2014）认为，以持股较少的个人投资者身份参与的社会股东在使用发声或退出策略方面，要比迄今为止的公司治理文献所表明的更为复杂。

国外学者主要对股东的三种发声方式（股东提案、与管理层对话和公然对抗）进行了研究，并对其基于公司层面的经济后果分别展开了探讨。第一类文献首先集中在对股东提案（resolutions）的探讨（Sjöström，2008）。股东提案有三种可能的结果：被公司忽略、被撤回、被股东投票表决（Goodman et al.，2014；Glac，2010；Engle，2010）。学者们对在外部社会股东参与下，不同提案结果的影响存在较大分歧。一些学者对社会股东的参与作用持否定态度。一些学者认为，遗漏是显而易见的一种失败（Rojas et al.，2009）。也有学者认为，与公司治理提案相比，社会股东提案的得票水平似乎较低且很少通过（Proffitt & Spicer，2006；Sparkes & Cowton，2004）。此外，有学者还认为，即使他们的得票数很高也不一定会影响公司行为，因为提案本身并没有约束力（Engle，2010；Levit & Malenko，2011；Rojas et al.，2009），撤回也被认为是失败，因为申报者试图避免得票低的结果。还有学者研究认为，中小股东即使拥有决策权，也无法保证其有动机实施或有效执行这些权利（Listokin，2010）。但是，也有学者持不同观点，认为中小股东参与提案投票可以对公司治理产生积极影响。例如，贝布丘克（Bebchuk，2005）认为中小股东参与公司决策活动，可以缓解公司内部人带来的代理问题，有积极作用。陈等（Chen et al.，2010）的研究结果则表明，仅在共同基金持股较高的公司中，中小股东参与公司决策能够降低来自管理层的利益侵害，因而存在一定的公司治理作用。戈尔茨坦（Goldstein，2011）认为，提案经过协商撤回表明公司愿意进入对话，这意味着中小股东通过提案参与决策的行为对公司决策会产生一定影响。总体而言，外部股东采取提案这类发声方式对公司带来的经济后果在国外文献中尚未形成一致观点。另外，第二类文献研究了股东的第二种发声方式，即股东与管理层之间的对话，这扩大了对股东提案的研究范围，也使人们能够更好地理解这些不同方式在股东参与过程中的相互关系。然而，这方面的研究缺少实证和描述性的工作（Rehbein et al.，2013）。一些学者认为，股东与管理层之间幕后的对话才是真实发生的行为，也是提案的备选方式（Logsdon et al.，2009）。一些学者认为，提交提案会引起管理层对问题的关注并可能导致对话（Rehbein et al.，2013；Lee & Lounsbury，2011）。但是另一些学者却认为，提案应当在对话破裂时，作为最后一搏而提出（Sparkes & Cowton，2004）。因此，从逻辑上分析，对话是在提案基础上衍生出来的一种沟通方式，对公司管理层也许存在一定影响，但目前尚缺少相关经验证据。第三类文献则对股东采用公开对抗公司的发声方式进行了研究（Guay et al.，2004；De Bakker & Den-Hond，2008），即试图利用媒体宣传来改变公司。但文献中尚不明确的是媒体的使用程度以及媒体的作用是帮助还是妨碍。学者们的研究表明，由于资源的有限性，社会股东需要使用媒体来获得管理层关注（Lee & Lounsbury，2011；Proffitt & Spicer，2006）。在美国，公共养老基金、工会和对冲基金已使用媒体来增强对议题的关注并给管理层施加压力（Gillan & Starks，2007）。因此，这种利用媒体的公开发声方式能够引起外界关注从而给公司内部人造成影响。

国外相关研究也关注了股东的退出策略对公司的影响。赫希曼（1970）认为，如果发声被认为是有效的，退出则可能被延迟，并被认为是发声失效之后的最后一搏。因此，退出是发声策略不成功的结果。股东即使不具备干预公司能力，也能够实施公司治理（Edmans & Manso，2011）。他们将股东视为知情交易者，能够通过退出策略（即基于私有信息卖出公司股票）来约束管理层。因为，股东的退出会给股价造成下跌的压力，进而有损管理层的利益。在此基础上，学者们进一步区分了退出威胁与真实退出，通过股票流动性间接度量了股东的退出威胁并研究了其治理效应，结果表明，股东持股比例较高的公司在金融危机中市值下降幅度更大，尤其是当经理的财富对股价或退出威胁敏感的时候更是如此（Bharath S. T.，Jayaraman S. & Nagar V.，2013）。因此，退出策略可被视为股东的一种有效治理手段。

（2）国内相关文献回顾

我国上市公司大多具有股权集中的特征。在各类所有权结构的公司中，中小股东因不同的委托代理问题，面临来自大股东或经理的利益侵占。对此，国内已有相当丰富的文献研究了公司治理的各种内外部治理机制，探讨如何保护中小股东的利益。

国内传统的公司治理文献绝大多数只是将中小股东视为"冷漠的搭便车者"，忽视了中小股东这一治理主体的作用。近年来，伴随着互联网的发展趋势，国内探讨中小股东治理效应的研究才逐渐兴起，因此，相关文献较为有限。我国学者主要就以下两种治理方式探讨了中小股东治理行为对公司的影响：

①参与投票。蒋铁柱、陈强（2004）较早通过理论研究发现，表决权集合有助于其"手脚并用"，约束大股东的侵权行为，是中小股东维护其自身权益的有效途径。孔东民等（2013）研究发现，中小股东通过网络投票能够表达其意愿，并能够保护其利益。张玮玮（2015）通过案例研究发现，互联网环境下，中小股东的信息劣势地位和监督成本较高的问题得到了缓解，提高了其参与公司治理的积极性，而这一功能的充分发挥还需要管理层和大股东的配合。贾莹丹（2015）通过对公司改聘会计师事务所议案投票结果的研究发现，中小股东"用手投票"无法改变议案的表决结果，但会在一定程度上引起外部政府监管力量的重视，由此发挥间接的公司治理效应。

②舆论监督。郑秀田等（2013）通过构建理论模型分析发现，中小投资人的监督能够制约控股股东对其利益的侵占，增加自身收益。步入互联网时代，学者们更加注重中小股东的网络舆论作用。沈艺峰、杨晶等（2013）认为，中小股东的网络舆论能够通过资本市场惩戒和监管部门的审查两层外部治理机制产生公司治理效应。杨晶等（2013；2017）探讨了中小股东网络舆论关注对公司高管薪酬、公司现金股利政策的影响，并肯定了舆论的积极作用。

（3）对国外相关文献的述评

从已有相关文献的研究结论来看，国内外学者对中小股东参与治理所采取的具体方式及相应的治理作用的观点存在一定差异，这一定程度上也印证了冯根福（2014）的观点，即公司股东的治理行为与公司股权结构的类型密切相关。具体评论如下：

①国外学者的相关研究开始得较早，数据来源较为丰富，使用的研究方法（如理论分析、案例分析或事件研究等）较为多样化，对股东或中小股东的各种治理行为获得了较为充分的认识，也能够为以后的深入研究提供参考和借鉴。总体上看，学者们对股东的退出策略治理效应保持较为一致的肯定态度，但在股东发声策略的治理作用问题上依然存在较大争议。此外，值得注意的是，由于分散的股权结构特征，国外上市公司股东面对的利益侵占主要是由股东和经理之间的第一类代理问题所导致，因此，文献更多的是探讨股东的治理行为对此类代理问题的影响，并未对大股东的利益侵占所带来的第二类代理问题的影响作出相应探讨。

②相对而言，国内学者的相关研究起步较晚，并且受制于网络投票数据的非公开性，此类成果较为有限①。不同于国外学者观点存在争议的现象，我国学者几乎观点一致地肯定了中小股东这一治理主体的治理作用，并且认为基于两类代理问题，中小股东的治理行为能够减少公司经理或大股东的利益侵占。但是，从研究时效性上看，由于以移动互联网为代表的网络环境发展迅速，现有文献研究结论是否能够完全适用于时过境迁之后的互联网背景值得商榷。此外，有相当一部分文献限于数据的不可得，而运用理论研究或案例研究方法对中小股东治理参与作用进行的探讨，其结论对于大样本的有效性也有待检验。

③从研究视角上看，国内现有文献主要是从中小股东发声策略（"用手投票"和舆论监督）的角度展开了探讨，而且随着互联网的发展，国内学者的这种观点得到了进一步的延续和加深。但是，国内现有文献对于中小股东退出策略（用脚投票）的治理作用却少有提及，更缺乏将"用手投票"和"用脚投票"两种正式的治理行为置于同一个研究框架的视角。

由于互联网和大数据应用不断发展，python 等技术不断普及，中小股东参与治理的数据变得更加多元化，这使得本研究进一步深入探讨中小股东治理的经济后果更加具有可行性和现实意义。基于此，本研究将立足于互联网

---

① 我国 2010 年以后的股东网络投票直接数据并未公开，国内现有相关研究仅限于 2010 年以前的样本。

快速发展的历史阶段,将中小股东"用手投票"和"用脚投票"两种正式的公司治理方式置于同一个研究框架之下,从降低公司两类代理成本的角度探讨其治理效应。

1.2.3 投资者关注对中小股东治理行为的影响

(1) 投资者关注的度量

在实证研究中,对于投资者关注度的度量绝大多数的学者使用了间接的代理变量,并主要通过以下几种方式进行了尝试:第一,将股票交易特征作为代理变量。由于换手率高、交易量大以及具有超额收益的股票往往能够更加吸引投资者的关注,部分学者使用这类指标间接衡量投资者关注度。部分学者使用超额收益、交易量(Barber & Odean,2008)。或涨跌停板(Seasholes & Wu,2007)衡量投资者关注度。第二,利用新闻媒体报道或广告支出予以度量。例如,恩格尔伯格等(Engelberg et al.,2012)通过使用电视台的一档股评节目的观众收视情况衡量投资者关注度。格鲁利翁等(Grullon et al.,2004)利用广告支出来度量投资者关注度。但是,这些度量方法隐含假定一只股票的收益、成交量异常或被新闻媒体报道,投资者们就会关注到这只股票,而这显然与事实不符。第三,随着互联网和大数据的不断发展,有关投资者关注的数据变得更加多元化,国内外学者们前所未有地重视网络数据的探索和运用,逐渐开始利用搜索引擎的趋势统计进行衡量。这种方法率先由达等(Da et al.,2011)提出,他们利用谷歌(Google)搜索的数据(SVI)衡量关注度的变化。这一思路得到国内外学者广泛的认可,许多学者尝试使用各类搜索引擎衡量了投资者关注程度。德雷克等(Drake et al.,2012)发现,在进行公告盈余的两周之前,在谷歌上企业的异常搜索数量会提升,如果搜索量在公告前一天增加,公司股价和成交量会更多地含有披露出来的盈余信息。贾春新等(2010)运用谷歌搜索出来历史信息衡量投资人的有限关注度,发现了公司公告限售股解禁情况对股票投资收益产生的影响。宋双杰等(2011)也用谷歌趋势(Google Trends)的数据测度投资者关注程度并对A股市场出现的IPO异象进行了阐释。俞庆进和张兵(2012)将百度的搜索量用作投资者关注度的代理变量，结果发现市场的有限关注会给股价形成向上的价格动力，但这种动力并不持久。张继德等（2014）基于百度指数（Baidu Index）的分析表明，当期投资人对信息的关注会促使投资收益提升，但不用很长时间就会出现反转。但是，由于搜索引擎用户存在许多投资以外目的的搜索行为，因此这类度量方法存在相当比例的非投资者的信息搜索"噪声"，会对真实的投资者关注度的度量产生较大干扰。第四，使用"类事件研究法"指标。少数学者还利用特定事件能增加投资者关注的现象来衡量投资者关注的高低。有学者认为，由于星期五之后为周末，投资者注意力容易被分散，而星期一到星期四投资者关注度相对较高，因此他们利用是否为星期五来区分关注度的高低（Dellavigna & Pollet，2009）。张雅慧等（2011）认为公司高管上富豪榜能提升投资者对于公司的关注度，因此他们以上富豪榜为事件窗口，研究事件窗口前后股票的价格变动趋势。这类度量方法由于以特定事件为度量标准，故又会使得研究样本极为有限。

（2）投资者关注对中小股东治理行为的影响

投资者关注经济后果的相关研究成果较为丰富，学者们大多基于市场层面探讨投资者关注对股票交易量、换手率、价格波动等的影响。鲍尔和布朗（Ball & Brown，1968）开创性地研究了投资者关注问题，发现了一个与有效市场假设相背离的现象，那就是当上市公司公告其盈余信息之后，其股价表现出持续性的偏离现象。但国内外已有文献对投资者关注的微观经济后果尤其是对中小股东治理行为影响的直接探讨却非常有限。结合本书拟研究的问题，此处主要针对投资者网络关注对投资者交易行为和投票行为影响的相关文献进行回顾。

国内外学者们主要从行为金融学的角度探讨了关注度对投资者交易行为的影响。关注度是影响个人投资者决定购买或卖出股票的重要因素。西肖尔斯和吴（Seasholes & Wu，2008）发现，当公司股价处于冲击涨停的时段，中小投资人处于净买入状态。相较于其他时段，在股价涨停的时段净买入状态的百分比会更高。对前述行为原因的解释是中小投资者的关注会因为股价冲击涨停而被吸引。巴伯和奥戴恩（Barber & Odean，2008）认为，当股票引起中小投资者（个人）关注以后，他们交易行为往往是买入而不是沽出。

当然究竟哪一种股票会因为投资人关注而引起买入，则由投资人的偏好决定。与巴伯和奥戴恩（2008）的结论一致，中小投资人对引起他们关注的股票是采取净买入交易的。西肖尔斯和吴（2007）对引起关注的事件发生前十日的交易价格进行了分析，结果发现少数机构投资者预测到了未来股票的价格与需求会上涨，因此他们借此而获利，代价是个人投资者买单。他们以中国上海证券交易市场为研究对象，发现冲击涨停的股票一般有高成交量、高收益和较多的新闻曝光度，而涨停将进一步吸引投资人的关注。

学者们还对中小投资人的交易类型进行分类，以此估算行为偏见所产生的损失。冯和西肖尔斯（2004）对中国证券市场上的投资人交易行为的相关性进行了研究。当把投资人依据其所在的地理位置进行分类时，投资人的交易行为显示出显著的相关性。在上市公司总部附近的投资人对于公司披露的信息有基本类似的反应交易行为，而离总部较远的投资人则会产生出更多的差异。这一现象与基于异质信息条件下的知情投资人的理性预期模型一致。古隆、堪那塔斯和韦斯顿（Grullon，Kanatas & Weston，2004）发现，企业在广告上花费更多的成本，如果其他条件基本相同的，公司会吸引更多的投资人（包括个人和机构投资者）。原因是公告能够引起投资人对企业的关注，而且投资人大多会将投资标的锁定于因为关注而相对熟悉的公司。

学者们发现，当投资者关注有限时，还要将投资人的偏见和情绪考虑进来。巴伯、奥戴恩和朱（2008）研究了1991年1月至1996年11月这一期间国家级别的贴现经纪商范围的成员与1997年1月至1999年6月间大型零售经纪商范围的投资人的交易历史后发现，个人投资者在进行股票交易时具有如下特点：他们会买曾经具有高额收益的股票，也会沽出已经实现过超额回报的股票，但是，这种趋势很弱；与沽出股票相比，他们买入的股票更加集中在为数不多的几只股票上，他们都会追捧并买入高成交量的股票。莫顿（Merton，1987）进一步发现，由于需要大量的时间与精力去搜集和分析与股票相关的信息，正确的投资策略就是关注少数熟悉的股票，节约投资者关注这种资源。这样投资者就不会冲动地买入那些他们并不熟悉的股票，从而避免蒙受损失。恩格尔伯格等（Engelberg et al.，2009）跟踪了某个电视节目，发现当节目主持推荐某只股票之后，观众就很可能去买入这只股票，而该节目的资深粉丝则会买入更多。总之，当关于某个产业或者某家公司股票的新闻或者其他吸引眼球的消息发布之后，该行业与该公司就会在市场上引来大量买入，人气越旺，该公司的股票成交量就会迅速放大。

国内学者以中国的公司样本就投资者关注对股东的交易行为或投票行为做了相关检验。权小峰、吴世农（2010）研究发现，投资人关注程度极高的公司，其进行公告盈余的市场效应会显著减弱。而当上市公司股票处于有限关注时，其公告盈余的市场效应会显著加重。上市公司公告盈余当天的股票成交量反应和投资者关注度之间表现出 U 型的曲线关系；因为投资者关注状态的不同，A 股上市公司进行盈余公告存在两种偏好，即不对称的时间偏好、择机性偏好。公司管理层择机公告盈余的情况，反映出投资者关注对于公司管理层的代理行为有一定的影响。张继德等（2014）研究发现，投资者高关注度会伴随高的市场流动性，注意力会驱动投资者进行交易。沈征、肖志超（2014）认为，媒体在发挥信息中介职能传播市场信息的同时，充当了投资者注意力资源的分配机制。他们研究发现，中小企业板上市公司股票的交易量和换手率以及成交金额，与媒体报道的强度存在显著的正相关关系。国内还有个别学者探讨了投资者关注对中小股东投票弃权率的影响。叶建宏（2015）、汪炜等（2015）使用换手率度量投资者关注程度，并认为投资者的关注能够显著减少中小股东投票的弃权率。

（3）对现有文献的评述

从已有文献来看，投资者关注的度量在网络环境和大数据技术的推动下，得到了蓬勃发展。学者们利用各种各样的网络数据，构建了更加科学合理的度量指标，这在一定程度上克服了传统研究中对投资者关注难以客观量化的问题。因此，学者们在最近十年内积累了丰富的研究成果，使得投资者关注理论研究得以深化。基于此，本研究将在数据来源上进行完善，在达等（2011）的度量方法基础上加以改进，以使得投资者网络关注程度的度量更好适应网络环境。

在投资者关注对中小股东治理行为的影响方面，上述研究主要将焦点集中在用关注度的"有限"性来解释市场无效下的市场异象，而忽视了关注度本身所带来的降低有效市场下对信息不对称的作用，这使得现有绝大多数文献无法以公司治理问题为导向回答投资者网络关注对中小股东治理行为的影响。与此同时，上述文献绝大多数是从行为金融学的视角基于市场层面研究投资者关注对中小股东交易行为的影响。虽然，这些研究通过对交易行为的分析，在一定程度上能够体现中小股东"用脚投票"（卖出股票）的影响，但是将公司治理问题置于影响中小投资者的交易决策的范围之外是这类文献最大的缺陷。此外，现有文献对于互联网为中小投资者提供信息对网络投票方式（用手投票）参与公司治理的影响研究极为欠缺，也未能直接、明确地反映出投资者关注对中小股东治理具体参与方式的影响。因此，本书拟从公司治理的视角，研究投资者网络关注对中小股东治理行为的影响可能会有助于拓宽投资者关注理论的适用范围，丰富其研究成果。

1.3　研究思路与研究方法

1.3.1　研究思路

本研究将紧紧围绕着"中小股东治理行为"这一主题，从理论和现实出发，总体上遵循网络关注对中小股东治理行为的影响以及中小股东治理行为对其自身利益的保护这两条主线，研究网络关注下中小股东的"用手投票"和"用脚投票"行为。本书主要研究思路如下：

首先，通过对投资者关注和投资者保护以及公司治理相关理论的系统梳理，明确了研究对象——投资者网络关注和中小股东治理行为，研究目标为中小股东利益保护；据此，结合理论分析和互联网现实背景的分析，本研究继续探讨中小股东治理行为在互联网新形势下的现状及问题，明确本书的研究视角和研究内容；参照现有投资者关注和公司治理等问题的研究成果，定义变量并选取相应的衡量指标，为后文进行实证研究奠定基础。

其次，由于网络关注有可能直接改变中小股东参与公司治理的"冷漠"

态度，因此，本研究实证部分首先基于中小股东参与权的角度，探讨投资者的网络关注对中小股东治理行为的影响。由于中小股东治理参与的直接方式主要包括参加股东大会行使表决权（即"用手投票"）和抛售公司股票（即"用脚投票"），因此，本研究实证检验了网络关注对中小股东的"用手投票"、"用脚投票"的影响。

再次，由于收益权是中小股东的核心权利，也是其投资的最终目的，因此，中小股东的治理参与究竟是否对其自身利益侵占程度存在制约作用？本研究进一步地基于委托代理理论，探讨了中小股东的各种治理方式对公司两类代理成本的影响，以体现对其利益受损程度的制约作用。

最后，本书对上述各部分的研究结果进行归纳总结，形成全书的研究结论，并据此提出政策启示，同时指出研究的局限性和研究展望。

本书的研究思路框架图如图1-1所示。

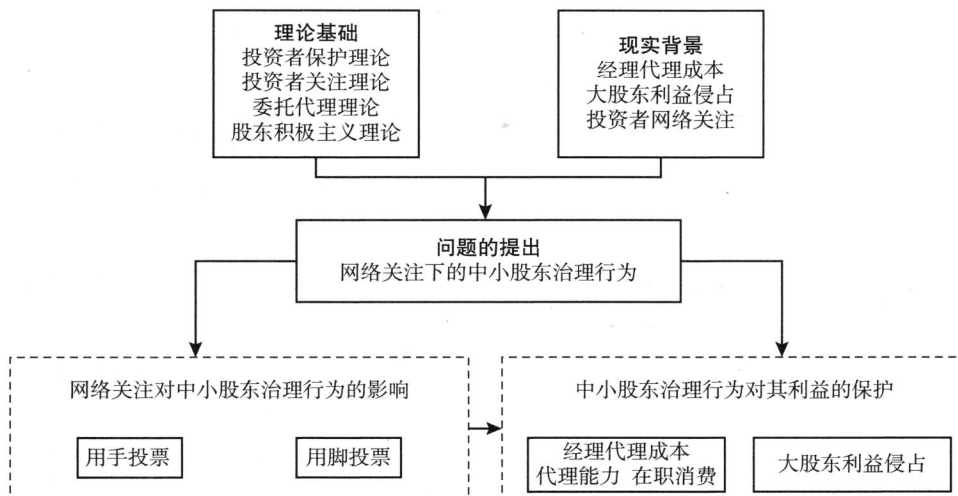

图1-1 研究思路

1.3.2 研究方法

本研究主要探讨网络关注下的中小股东治理行为问题，因此，主要采用规范与实证相结合的研究方法。在借鉴微观经济学和信息经济学的成熟理论基础上，将投资者保护理论、投资者关注理论、委托代理理论和股东积极主义理论作为本研究的理论主体，采用了演绎推理和归纳总结等研究方式，此外还辅以对行为金融学和心理学理论进行逻辑推理。

在上述理论研究基础的铺垫下，继续使用多元回归的实证研究方法对具体问题进行检验。在实证研究中，使用爬虫技术收集网络公开数据，并结合我国互联网的新形势，构建多元回归模型进行检验，在此过程中分别采用描述性统计、工具变量、系统 GMM 估计等方法，并进行各种稳健性检验，以保证研究结果的可靠性。

1.4　基本概念的界定

1.4.1　中小股东的概念界定

根据本书的研究对象和研究目标，笔者将股东界定为公司中的股权投资人。按照公司中出资额或持股比例和对公司决策影响的不同，股东可分为控股股东和中小股东。

根据《公司法》的规定，"控股股东是指出资额占有限责任公司资本总额 50% 或持有股份占股份有限公司股本总额 50% 以上的股东；出资额或者持有股份比例虽然不足 50%，但依其出资额或持有股份所享有的表决权已足以对股东会、股东大会的决议产生重大影响的股东。"本研究对中小股东的界定主要参照《上市公司规范运作指引》（以下简称《指引》）第 2.2.7 条的解释："中小投资者是指除公司董事、监事、高级管理人员以及单独或者合计持有公司 5% 以上股份的股东以外的其他股东"。本研究所指中小股东和《指引》中的"中小投资者"为同一个概念。

由此，中小股东是一个与控股股东相对的概念，即公司中持股比例小于 5% 的股权投资者，传统意义上，他们具有以下几个特征：

（1）出资额或持股比例小，个体不能对公司决策产生重大影响，处于弱势地位。

（2）分散且难以形成一致的集体行动。

（3）主要通过股票市场的资本利得获取投资收益。

（4）相对于公司内部人，处于信息劣势地位。

1.4.2 中小股东权益体系及其治理行为

权益的产生以向公司提供资产为基础。中小股东权益即为当事人依法享有的权力和利益。我国《公司法》明确规定："公司股东依法享有资产收益、参与重大决策和选择管理者等权利。"这意味着，中小股东作为股东中的一部分，其权益包括分红权、转让权、优先认购权、剩余财产分配权、召集权、表决权、知情权和诉讼权。

如果从法律理论角度对上述权益进行分类，股东权益可以分为股权的自益权与股权的共益权。股权的自益权是指中小股东基于自身的利益为目的行使的权利，以收益权为主且属于法定权利，体现国家对中小股东权益的保护，其权利行使不需要借助他人就可以实现，具体包括分红权、转让权、优先认购权、剩余财产分配权和诉讼权；而共益权是指股东以自身利益和兼为公司利益而行使的权利，以非财产权利为主且属于章定权利，是股东在注册公司时自己确定的，也是股东的自我保护机制，其权利行使需要借助他人的意志来实现，具体包括知情权、表决权、临时股东大会召集请求权等。

在传统治理环境中，虽然自益权体现了同股同权原则，但是其绝对性却使得中小股东的共益权被弱化甚至形同虚设，从而成为公司治理问题的症结所在，也使得中小股东与大股东的权益呈现分化；而我国法律环境效率的低下，也使得中小股东的诉讼权被弱化。然而，在互联网快速发展的现实背景下，中小股东的知情权、召集权和表决权却逐渐得以强化。因此，有关中小股东权益范围的探讨有必要结合环境变迁并区别于其他股东。

徐向艺（2004）认为，在公司制度安排中，司法救济制度之外的股东个体所享有的权利一般可以分为收益权、股东大会投票权和退出权三种。其中，收益权是股东目的性权利，而投票权与退出权则是实现收益权对代理人进行控制的两种手段。

综合上述背景和学者观点，本研究认为，中小股东权益涵盖了中小股东的权力和利益，是一个由中小股东的知情权、表决权、转让退出权和财产收益权所构成的权益体系。这些权利之间相互作用，形成一个有机整体，即知情权是权益体系的基础，直接作用于中小股东的治理行为；表决权和转让退出权是权益体系的主要内容，也是中小股东用于维护其收益权的途径；而收益权则是整个权益体系的核心和最终目的，也是知情权、表决权和转让退出权实施的最终结果。

在网络环境下，投资者的网络关注无疑增强了中小股东的知情权，而中小股东"用手投票"和"用脚投票"则是其维护自身利益的重要治理行为。其中，"用手投票"体现了中小股东表决权的履行，他们可以通过发声机制表达自身意愿，影响公司的重大经营决策；而"用脚投票"体现了中小股东转让退出权的行使，他们可以通过退出机制对公司股价产生影响，从而制约公司内部人行为，并最终维护自身利益。

1.4.3　网络关注的概念界定

卡尼曼（Kahneman，1973）比较早地研究了关注问题，指出关注是一种有意识的人脑活动，这种活动是对外界输入的信息的一种处理，处理能力必然会因为外界刺激的不同而产生波动，同时形成各种规则以及策略用于决定如何分配意识资源。恩格尔伯格等（2009）认为，投资者关注是投资人由于吸引关注的特定事件的发生，而对相关公司股价形成偏离公司基本面的一种过度性反应。投资人关注可能表现为涉及某个行业或者相关公司的新闻报道、不正常的成交量和非常收益（Barber & Odean，2008）。

投资者关注是一种普遍存在的心理现象，在经济环境和股票的基本面等因素不存在根本变化的前提下，这种关注会在投资决策方面形成重大影响。因此，投资者关注也成为金融领域的一个重要概念。有效市场假说认为，如果市场有效，投资者们对信息的反应将会及时而充分，那么股价中就包含了所有的市场信息。而基于投资者关注理论的观点，人们的关注也是一种稀缺资源，人们只能对于其熟悉和能够理解的信息进行接收和处理，并由此作出投资决策或者投资调整。现有的投资者关注概念更多是从资本市场上投资者获知市场或公司信息进行的界定，并对资本市场的一些异象作出合理解释。

随着互联网的快速发展，投资者关注正日益成为一个焦点问题。因此，根据前人对投资者关注的认知和研究，结合本书的研究背景和研究视角，本书将网络关注界定为：投资者关注在互联网环境下的概念延伸，即是投资者基于网络媒体平台，以获取投资收益或减少投资损失为目的，主动获取公司信息以最大化减少信息不对称程度，并充分利用该信息以为其行为决策提供依据。

1.5　创　新　之　处

本书研究了网络关注下的中小股东治理行为问题，体现出了如下几点创新：

1.5.1　将投资者关注理论的应用范围拓宽至公司治理领域

现有关于投资者关注问题的研究主要从行为金融视角研究投资者关注的经济后果，以解释资本市场中的一些异象，而本研究则将这一理论应用于解决公司治理问题。

1.5.2　基于网络关注的新视角研究中小股东权益保护问题

互联网的普及极大地改变了传统的公司治理环境和治理模式，从投资者网络关注的视角进行研究，更加符合时代特征，并能够立足于新的网络环境保护中小股东权益。

1.5.3　丰富中小股东权益保护的理论内涵

现有研究成果大多仅针对中小股东的收益权探讨保护机制，而本研究则从中小股东知情权、表决权、转让退出权以及收益权保护角度对中小股东权益体系进行系统研究，并探讨这些权利之间的关系，进一步丰富中小股东权益保护的理论内涵。

1.5.4　构建中小股东治理行为的研究框架

本研究将中小股东的"用手投票"和"用脚投票"两种正式治理行为纳入同一个框架中进行实证检验，能够更为客观地刻画中小股东这一治理主体的治理行为的治理效应及其相应机制。

1.5.5　摒弃传统文献视中小股东为"搭便车者"的隐含假设

本书将中小股东作为一个积极的治理主体进行研究，并基于互联网环境，给出有异于传统公司治理文献中关于中小股东"冷漠"假设的经验证据，进一步丰富公司治理理论。

第 2 章

相关基本理论

本书研究中小股东治理行为的思路是按照"网络关注对中小股东治理行为的影响以及治理行为对其利益的保护"这一思路展开的,因此,本研究所涉及的理论基础主要包括投资者保护理论、委托代理理论和投资者关注理论以及股东积极主义理论四个方面。

2.1 投资者保护理论

2.1.1 投资者保护的法律论

MM 的传统金融理论(1958)认为,证券就是证券持有人因持有证券而获得的现金流量。但随后哈特(Hart,1995)认为这并非事实,证券应该被定义为证券所有人拥有的权利。证券所附带的权利保证了证券持有人从中获得投资收益。但是,认为证券具有与生俱来的权利的观点也是不够全面的。这种观点实际上忽视了权利背后的法律因素。在不同的法律环境下,由于法律及其执行质量不同,投资者的权利及其保护程度也不同,而投资者权利的保护又会决定公司的融资。投资者法律保护的差异有助于解释为什么各国公司融资状况如此不同。尽管一些经济学家和法学家已经从理论上开始探讨投资者权益的法律法规的成本和收益（Harris & Raviv，1988；Bebchuk，1994）。但是，他们并没有系统地用数据描述全世界的公司治理相关法律法规及其执行，也缺乏公司金融法律基础的统计比较分析。随后，LLSV（LaPorta，Lopezde Silanes，Shleifer，Vishny）做的一系列研究开创了法与金融领域实证研究的先河，率先将法律这一外生变量引入对金融、经济以及公司治理的影响研究中，逐步形成了法与金融理论。

法与金融理论是第三代金融发展理论的组成部分，在 LLSV 的开创和后续学者的发扬下，取得了较大发展，并逐渐衍生出"宏观法与金融"理论和"微观法与金融"理论。法与金融理论认为，不同的法律起源以及由此产生的法律系统适应能力在投资者保护方面表现各异，从而最终导致了不同的宏观或微观的社会经济结果。宏观的法与金融理论主要探讨法律法规及其执行质量对各国金融发展和经济增长的影响，微观的法与金融理论主要探讨法律环境对公司治理的微观影响。

法律环境由立法和执法两方面构成。法律对投资者的保护不仅取决于法律法规的制定本身，还取决于法律法规的执行效率。

（1）法律法规对投资者保护的影响

关于法律法规对于投资者保护的关系问题，LLSV（1997）考察了 49 个国家的股东权利和债权人权利，衡量了各国投资者法律保护程度。他们主要从保证投资者获得投资回报的权利视角构建了指标。针对股东权利，他们通过"抗董事权指数"和"一股一票"两个指标进行衡量。前者综合了小股东的五种权利因素，包括邮件代理投票权、股东大会保留控制股票权、选举董事的累积投票权、召开临时股东大会的最低持股比例以及是否存在少数股东免于受压迫的保护机制。后者是指该国《公司法》规定一股普通股享有一票投票权。针对债权人，他们使用了债权人指数。该指数综合了保障债权人在清算和重组中利益的各项权利，包括以下四个方面：国家对于公司重组施加约束；当重组请求被许可时有担保的债权人能够获得其债权财产；重组期间债务人不保留其财产管理权；公司破产清算时有抵押债权人享有第一求偿权。结果表明，普通法国家对投资者保护的程度最高，德国民法国家和斯堪的纳维亚国家居中，而法国民法国家最低。

随后，由于衡量指标存在缺陷，LLSV（1998）在前面研究成果的基础上，对股东权利和债权人权利指标均进行了完善和改进，进一步对49个国家的投资者法律保护进行了比较研究。小股东的抗董事权指数主要从两方面进行了改进：一是重新定义了累积投票权，二是增加了小股东的优先认股权。此外，对于股东权利保护的指标还增加了"强制分红"制度作为替代机制。对于债权人权利指数，他们在原有基础上增加了"法定准备金"制度作为替代机制。实证得到的主要结论与LLSV（1997）相近，即普通法国家投资者法律保护最强，德国民法国家和斯堪的纳维亚国家次之，而法国民法国家投资者法律保护最弱。除此以外，结果表明，新增的投资者保护替代机制——强制分红和法定准备金制度，在民法国家尤其是法国民法国家，分别对股东和债权人保护起到了很大的作用。

由于受到帕加诺和沃尔丰（Pagano & Volpin，2005）、斯班曼（Spamann，2005）等学者的批评，DLLS（Djankov，Simeon，LaPorta，Rafael，Florencio-de–Silanes，Shleifer，Andrei（2008）对LLSV（1997，1998）的反董事权指数做了进一步修正。修正后的反董事权指数忽略了授权条款（因为普通法国家比民法国家使用更为普遍），但所得结果与之前的结论一样——普通法国家的反董事权指数远高于法国民法国家。

因此，各国法律起源的不同在一定程度上导致了其法律法规在保护投资者问题上表现各异，而这又会进一步影响各国的资本市场深度和广度。

（2）执法环境对投资者保护的影响

除了法律法规本身，法律对投资者的保护在很大程度上还取决于其执法环境。LLSV（1997）基于调研，较为简单地用法治（ruleoflaw）这一指标估计了法律执行质量。结果表明，法律执行质量在各国之间从高到低排序依次为：斯堪的纳维亚国家、德国民法和普通法系国家、法国民法国家。

LLSV（1998）进一步对执法环境进行了研究。他们主要用法律与秩序（lawandorder）衡量各国法律执行质量，具体体现在以下五个方面：司法系统效率、法治、腐败、利益侵占风险（被政府直接没收或被迫国有化）以及政府毁约的可能性。此外，他们还用各国会计准则的质量来衡量法律的执行。结果表明，各个法系国家的法律执行质量存在差异。在法治指标上，各国之间执法质量从高到低排序依次为：斯堪的纳维亚国家、德国民法国家和普通法系国家、法国民法国家。在会计准则的指标上，执法质量排序从高到低依次为：斯堪的纳维亚国家、普通法国家和德国民法国家、法国民法国家。因此，对投资者法律保护较好的国家，其执法力度也更强，法律执行并不能体现出对法律规范的替代作用。总体而言，富有的国家有着更高的执法质量，法系对法律的执行效率有着显著影响。

随着实践和理论的不断发展，公司治理逐渐暴露出的核心问题已经转变为大股东通过自我交易或掏空行为，使得小股东的利益常常被公司内部人侵占而遭受损失。因此，DLLS（2008）从一个新的视角对小股东的执法保护构建了一个比反董事权指数更稳健的指标——反自我交易指数。该指数由72个国家有关私人执法机制的法律规则构建而成。私人执法变量从自我交易事前控制和事后控制两方面考虑，取二者平均数而得。自我交易的事前控制主要体现为信息披露，事后控制则体现出自我交易的事后补救措施。此外，他们还构建了公共执法指数衡量公共执法情况。公共执法指数根据对实际控制人和自我交易许可方的刑罚而定。结果表明，普通法国家的反自我交易指数最高，德国民法国家和斯堪的纳维亚国家次之，法国民法国家的反自我交易指数最低。而公共执法指数为斯堪的纳维亚国家最高，法国民法和德国民法国家次之，普通法国家最低。

因此，虽然执法质量的指标得到不断改进，学者也从不同角度对执法质量或执法环境构建了指标，但依然可以得到较为一致的结论，即：由于各国法律起源不同，法律的执行质量在普通法国家和民法国家表现不一，对减少内部人侵占外部投资人利益的作用也不一样，各国执法环境对外部投资者的保护作用存在差异。

2.1.2 投资者保护的契约论

如前文所述，LLSV 的研究表明，投资者权利的法律保护对于公司治理和资本市场的健康发展极为重要，完善投资者权利的法律保护也应成为改善公司治理环境、促进金融市场发展的根本途径。但是，LLSV 模型在解释转型国家的金融市场发展时却遇到了所谓"中国之谜"——虽然法律和金融体系都不够发达，但中国却是世界上经济规模最大且发展速度最快的经济体之一（Allen et al.，2005）。事实上，很多学者认为中国在法律系统整体落后的情况下培育出了生机勃勃的金融市场。不同于其他转轨国家在金融市场的发展中表现欠佳，中国的股票市场历经十多年时间便获得了超常规发展，从公司数量到市场规模再到市场流动性，中国的股票市场都表现强劲。李庆峰等（2003）认为，从促进国有企业改革和实现资金融通的角度看，中国股票市场体现出极强的融资效率或增长效率。计小青（2007）研究发现，相对于波兰、捷克、俄罗斯等 13 个转轨国家而言，中国股票市场在规模、流动性、融资功能、投资回报以及股价的信息含量五个方面都处于领先地位。上述事实显然与 LLSV 的理论预测并不一致。对此，艾伦等（Allen et al.，2005）通过统计分析和案例研究发现，还有一些实际发挥作用的非标准机制（基于声誉和关系）也支持着中国经济增长。推而广之，法律环境薄弱导致对投资者利益保护不足是新兴市场国家普遍面临的问题。从目前来看，单纯依靠法律来实现对投资者权利的保护进而改善公司治理，对于新兴加转轨的市场环境而言并不完全奏效。因此，学者们认为，在法律因素以外还存在着其他保护机制，这些机制在法律体系不成熟的环境中对投资者利益的维护起到了替代作用，即投资者保护的契约论。

（1）证券市场的监管

当法律对投资者利益的保护作用有限时，监管机构是否能够有效监管证券市场就显得尤为关键。证券市场监管机构在制定与执行规则、维护证券市场环境等方面具有强大的力量。尤其是在法律制度相对较差的新兴市场，证券市场监管制度将是效率低下的法律制度的有效替代（La Porta et al.，2000）。就我国而言，投资者保护的法律环境整体偏弱，监管机构必须弥补法律缺位所造成的"真空"。而事实证明，市场监管确实取得了一定的效果，这也获得了实证研究的支持。陈工孟等（2005）研究表明，证监会的一些管制行为会对很多上市公司的股价产生显著影响，后续股价表现不佳的上市公司的审计师变更的比例会升高，最终通过监管机制进行纠偏、影响管理层进行变革维护了中小投资人利益，证实了监管政策的有效性。此外，证券监管机构对上市公司违规行为进行公开谴责具有重要的惩罚和威慑作用。利布曼和米尔哈特（Liebman & Milhaupt，2007）的研究发现，公开谴责会造成上市公司股价下跌、融资不畅等后果，是资本市场上一种显著有效的声誉机制，表明了监管措施的有效性。

（2）中介机构的完善

中介机构功能其实是置于证券市场监管因素之下的，但是中介机构的发展与完善离不开行业自律和顺应市场，有其独立的一面。两类代理问题存在的前提是信息的不对称，而这在转型期国家矛盾更为突出。中小投资人能否及时获得真实可靠的信息是证券市场监管题中应有之义。因此，企业在法律法规和市场监管的约束下严格履行信息披露义务，有助于投资者及时获得真实可靠的信息，做出合理的投资决策。但是当法律和监管制度不完备时，信息披露的效果将大打折扣，而且证券监管亦需要良好的中介机构执行披露政策。

戴克和津加莱斯（Dyck & Zingales，2004）认为中介机构对证券市场的覆盖率与证券市场的控制权私利呈现负相关。布什曼（Bushman，2004）研究也发现，中介行业的发展显然能增强企业的透明度，中介市场的发展程度与证券市场上内部人的掠夺行为负相关。西米恩等（Simeon et al.，2008）也认为，在一个中介繁荣的市场上信息能够自由流动和广泛地渗透，并能够约束经理人的自利行为。

（3）地区治理环境

LLSV 理论认为，投资者权益保护的法律机制包括立法与执法，而法律法规与监管制度的制定和执行都需要依靠政治系统来实现，其内容与执行效果可能因各地区政治系统的差异而不同（Black，2001）。地区治理环境就是重要政治系统因素之一。中国的地区治理环境差异较大，地方政府能够一定程度影响法律实施和金融市场的监管力度，表现出在制度实施过程中的软约束和弹性，其背后的逻辑是政府和企业之间的利益关联。施莱弗和维什尼（Shleifer & Vishney，1997）认为，在国有企业中，掌握企业控制权的人最关心其政治目标的实现，而这可能与企业价值最大化的目标相违背，从而导致了国有企业的效率低下。伯克曼（Berkman，2008）的研究发现，监管的效应至少存在于政商关系不密切的上市公司中，但在与地方政府关系密切的上市公司中最弱。王鹏（2008）也发现，上市公司的投资者保护水平会因不同地区政府对企业干预程度的不同而不同。因此，地区治理环境对于转轨加新兴环境下的投资者权益保护也存在较大影响。

（4）媒体治理

媒体作为社会的监督者，在法律环境尚未发育成熟的国家往往成为投资者利益保护的又一替代因素。事实上，即使是在发达市场国家媒体在保护投资者利益方面依旧发挥着重要作用，因此，学者们将媒体作为公司的重要外部治理因素，即所谓的媒体治理。首先，媒体治理作用可以通过影响声誉实现（Dyck et al.，2008），媒体的关注将迫使公司管理层必须维持自己的声誉，因为管理层在未来雇主处工作和薪酬直接与其声誉关联，当媒体关注之后，为了未来的长远利益，管理层有充分的激励暂时放弃内部交易。同样对于企业的大股东而言，媒体的关注将影响其社会声誉和公众形象，侵蚀小股东权益的行为也将在媒体关注之后迅速被弱化甚至放弃。在中国，由于制度的缺失和监管的缺位，媒体治理效应比较显著，一旦上市公司被媒体关注之后，接下来会引发一系列更为严厉的"关注"，监管部门、主管单位、政府执法部门可能会纷至沓来，中小投资人的利益往往得以挽救。相较于民营企业，国有控股的上市公司更加在意媒体的关注后果，因为这直接影响到管理层的仕途。

但是，媒体尤其是在传统媒体语境下，也存在着一些不足。首先，一个有影响力的媒体总是希望与各方达成私下交易，也有能力完成，即媒体的设租与寻租行为。其次，特殊利益集团对媒体的操纵。由于存在进入壁垒，媒体市场竞争的结果往往是走向高度集中，特殊利益集团更容易对其进行掌控。即使是在美国，在竞争和经济的压力下，媒体的行业结构也逐渐变得集中甚至形成垄断，这导致媒体的价值取向趋于保守（Bagdikian，2000；Dyck & Zingales，2008）。最后，在现实中，媒体也并非完全真实、客观地报道信息。有些媒体在商业利益的驱动下，也存在报道的倾向性（醋卫华等，2014）。

关于媒体治理理论最新的研究是与投资者关注理论、股东积极主义联系起来的。首先，媒体治理进入投资者关注领域，弗兰克尔和李（Frankel &

Li，2004）研究表明，媒体能够建立资本市场有效的传播机制。权小峰和吴世农（2010）则认为，这种基于媒体的信息传播是能够消除中小投资者与企业内部人之间的信息差距的。并且，媒体所引发的投资者关注能够减少内部人对中小股东的利益侵占。其次，媒体所带来的投资者关注，使得中小投资人能够较为深入地关注上市公司经营，并且随着网络投票制度、累计投票制度、网络信息的发展，其已经有了介入上市公司治理制度的技术支持，逐渐从"搭便车者"向积极股东进行转变。

（5）公司内部治理结构

在法律机制不完备的环境中，良好的公司内部治理结构对于维护中小投资人的利益至关重要。在法律环境不佳的新兴市场国家，许多公司通过加强信息披露、构建功能良好且具有独立性的董事会以及一些约束机制来限制公司内部人（经理和大股东）有损于中小股东利益的行为等（Klapper & Love，2000）。诸多学者认同公司内部治理结构的改善有助于弥补外部治理机制的不足，以更好地进行投资者保护（Mitton，2004；Durnev & Kim，2005；Doidgeetal.，2007）。但是有几个问题需要解决：其一，公司完善内部治理结构的动机是什么（毕竟这增加了公司的交易成本）？答案是降低代理成本和资金成本。其二，即使企业采取了高质量的治理机制，在不发达的金融市场环境中并不能被"识别"，其获得的资金成本优势并不显著，那么企业极力改善公司治理结构的动机是什么？答案是金融的全球化，公司可以通过在投资者保护环境较好的国家上市，以向投资者展示其良好的公司治理结构（Cofee，2002）。其三，良好的治理机制如何保证中小投资人参与？没有中小股东的制衡，再好的内部治理机制也无法保证其最终不偏向大股东和管理层的利益。后文中我们将论述网络的发展确实为中小股东参与公司内部治理提供了技术手段。

2.1.3　中小投资者权益保护理论

中小投资者本身从属于投资者范畴，同样适用于上述法律论和契约论的保护机制。但因其持股比例小，在公司治理中的地位有别于其他投资者。尤其是，在股权较为集中的公司环境下，其利益容易被公司内部人所侵占。公司治理领域的许多文献已经证实，有更多控制权的大股东通常会获得超过其股权比例的额外收益，他们通过控制权侵占中小股东的利益，获得控制权私利（Mitton，2002；Bushman et al.，2004）。国内学者对中国上市公司进行研究也得到了类似结论。唐宗明和蒋位（2002）以发生了大宗股权转让的中国上市公司为样本，发现国内确实存在大股东利用控制权侵占中小股东利益的现象，中小股东利益受侵害的程度与公司规模和信息透明度负相关。因此，中小投资者权益保护问题值得格外关注。

经济、金融和法律的诸多理论已经证明中小股东的权益保护是合理的，这些理论渊源可以追溯到历史上的公司所有权与控制权的分离（Coffee，1989；Bradley et al.，1999；Davis，2009）。历经过去三十年，学者和政策制定者认为广泛分散的股权对股票市场甚至经济增长是有利的。这一研究引起了人们对中小股东利益的关注，促使法律法规以保护中小股东权利、反对大股东和经理的行为为目的（La Porta et al.，1998，2000；Davis，2009）。

而在公司治理视角下，国内外学者们对于中小投资者权益保护的探讨除了第一类代理问题（股东和经理之间），还以解决第二类代理问题（大股东和中小股东之间）为导向，对上述法律论和契约论观点进行了补充和完善，从各个方面探讨了中小投资者保护机制，极大地丰富了投资者保护理论（Wu，RueiShian Wang，Chuan San，2015；沈艺峰、许年行、杨熠，2004；姚颐，刘志远，2011）。而在互联网逐渐普及的今天，传统的公司治理模式发生了变革，因此，中小投资者权益保护理论的研究也亟须进行新的探索和完善。

2.2　委托代理理论

2.2.1　委托代理理论的基本逻辑与发展

美国经济学家伯利和米恩斯（Berle & Means，1932）较早地在其著作

《现代企业与私人财产》中提出了所有权和控制权分离的问题。此后，自20世纪六七十年代开始有更多经济学家参与到委托代理关系的讨论中，并逐渐形成并发展了委托代理理论。

委托代理理论的前提是委托代理关系的形成。委托代理关系是在社会分工的基础上，委托人授予代理人一定权限，委托代理人为其服务，并对代理人所付出的劳动支付相应报酬，由此形成委托人与代理人之间的契约关系。委托代理理论是契约理论最重要的发展之一，它假定委托人与代理人之间信息不对称且双方效用函数不一致，从而可能存在利益冲突，进而使得代理人可能会做出不利于委托人利益的决策。此时，如果缺乏有效的制度约束，代理人就可能采取造成委托人利益受损的行为。因此，萨平顿（Sappington，1991）认为，委托代理理论的中心任务是，委托人如何在利益相冲突且信息不对称的环境下，设计最优契约以激励代理人。

委托代理理论由最初的单委托代理理论逐渐发展为多代理人理论、共同代理理论和多任务代理理论。尽管委托代理理论发展出了不同类型的代理理论，但这些理论都遵循了基本相同的路径，即：在经济人的前提下，委托人为了实现自身利益最大化，将其所拥有的某些资源或决策权委托给代理人，并要求代理人以委托人的利益最大化为导向进行管理或行使权力。然而，代理人也是经济人，以追求自身利益最大化为目标。在行使受委托人赋予的决策权时，他们可能会将自身利益优先于委托人利益，而做出一些有损于委托人利益的自利决策，代理问题由此产生。对此，就委托人而言，他们需要构建一套有效的制衡机制来监督、约束代理人自利行为，同时激励代理人勤勉尽责，从而降低代理成本，使得代理人能够做出有利于委托人利益的决策。

委托代理关系的建立必须具备两个条件方可成立。其一是参与约束，即若要代理人参与交易，需使得其从委托人处获得的报酬应至少高于其从市场其他途径所能获得的报酬，否则代理人不会参与，委托代理关系将不能成立。其二是激励相容约束，即委托人在实现自身效用最大化的同时，要求代理人的努力程度也能使其自身实现效用最大化。因此，委托代理理论的基本逻辑就是：在参与约束和激励相容约束的两个条件下，寻找委托人设计的最优契约，最终使得代理人的努力程度与委托人追求的利益相一致。

2.2.2 第一类委托代理问题

20 世纪 60 年代，经济学的发展突破了古典经济学的经典假设：完全理性和完全信息，并在此基础上产生了委托代理理论。该理论假定人并非完全理性而是有限理性，信息也是不完全的，并且信息在个体间不对称分布。该理论认为，代理人为委托人工作的成果会受到代理人努力程度和不由其意志决定的其他客观因素所决定，当委托人无法完全区分这两类因素时，代理人的"道德风险"和"逆向选择"便会产生。因此，委托人能否设计一套有激励作用的契约，以控制代理人的道德风险和逆向选择，从而提高代理能力和减少代理费用，显得尤为重要（Jensen & Meckling，1976）。根据这一理论，在所有权和经营权相分离的企业中，如何通过设计各种制度以保证公司的投资人能够获得合理的投资收益，是公司治理需要解决的重要问题（Shleifer & Vishny，1997），或者说公司治理的基本要义就是保护股东利益。因此，公司治理就是构建一套机制，这套机制能够监督和激励公司高管，并使其从股东利益出发，尽职尽责地完成董事会安排的各项经营任务。

伯利和米恩斯最早探讨了这一问题。1932 年，他们在《现代公司与私有产权》一书中，提出了"两权（所有权和控制权）分离"的著名命题，认为多数现代公司的控制权因所有权高度分散而集中于管理者手中，又因为管理者与股东之间的效用函数并不一致，从而使得管理者存在滥用企业资源而谋取私利的动机和行为，这有悖于股东利益最大化的目标，最终形成股东与经理之间的委托代理问题，也即第一类代理问题。这一问题也以该研究学者命名，被称为"伯利—米恩斯命题"。

为解决这一命题，学者们普遍认为必须存在一个有控制权的大股东才有能力和动机有效地抵制经理层的机会主义行为。因为小股东普遍存在"搭便车"行为，没有足够的动机和能力来有效抑制管理层的自利行为，而大股东因为其相关利益更多，并且大股东普遍具有较强的专业能力，因此其有动机也有可能维护股东权益。所以在旧的框架体系中认为，存在一个大股东的监督，将能促使管理层勤勉尽职，而中小股东只需要"搭便车"获利即可。

2.2.3　第二类委托代理问题

进入 20 世纪 80 年代以后，研究所有权结构相关问题的学者们开始质疑"伯利—米恩斯命题"，因为现代公司的所有权结构并不完全具备 60 年代那样股权分散的特征。尤其是在对投资者权益保护较弱的新兴市场国家，因为法律环境的不足，企业股权结构呈现出集中的特点，出现大股东控制的现象。

大股东控制会产生两种效应：控制权的激励效应和控制权的掏空效应（Tunneling）。控制权的激励效应是指大股东通过有效监督和激励管理层或者直接参与经营提升公司价值，使其拥有的股权价值提升，而中小股东"搭便车"受益。控制权的"掏空"效应是指大股东利用控制权优势从上市公司中获取隐性利益，谋求自身利益最大化，最终降低企业价值。拉·波塔等（La Porta et al. , 1999）提出了终极控制权理论。该理论认为上市公司行为的真正决策者是大股东背后的实际控制人。实际控制人可以通过多种方式控制上市公司，例如金字塔结构、交叉持股和不同投票权股票。拉·波塔还认为控制股东选择不同的策略，主要由于实际控制人通过较长的控制链条使得其所拥有的现金流权和投票权不完全重合所致。现金流权是实际控制人按照其持股比例参与企业现金流分配的权力；而控制权是实际控制人的投票权。当现金流权和投票权高度重合时，即实际控制人在上市公司具有较多的现金流量权时，控股股东往往表现为激励效应；而当二者分离程度较高时，控股股东往往表现为掏空效应。此时，大股东因持股比例较高，因而拥有足够的权力控制上市公司，并有较强的动机和足够的能力通过各种途径来谋求私利，即所谓的控制权私利，而这一切是以牺牲中小股东利益为代价的。因此，大股东与中小股东之间的利益冲突由此产生，公司主要的代理问题已演变为大股东和中小股东的利益冲突，这就是所谓的"第二类代理问题"。

2.2.4　双重委托代理理论与中小股东权益保护

各国公司治理中所要面对的代理问题各不相同，在以美国为代表的发达市场国家，股权分散，管理层进行内部人控制的现象更为普遍，所以投资者权益保护所要面对的主要是第一类代理问题。而新兴市场国家因为法制保护的不完善，股权集中是投资人对法制缺位的自我救济，但大股东滥用控制权谋取私利的行为开始产生，因此主要表现为第二类代理问题。而在中国，中小股东在公司治理中的弱势地位注定了其将成为控股股东和管理层共同的侵犯对象，在股权高度集中的企业可能同时存在双重委托代理问题。

在利用双重委托代理理论分析中国上市公司治理的问题上，冯根福（2004）从理论上论证了在股权集中度较高的上市公司中，双重委托代理理论比单委托代理理论更加有解释力。因此，在双重委托代理的理论框架下，构建和选择公司治理结构和治理机制，有利于降低双重代理成本，更有利于维护中小股东的权益。

因此，使用双重委托代理理论解决中国的中小股东权益保护问题，依赖于大股东和小股东作为委托人，分别降低第一种代理成本和第二种代理成本两条途径。对于第一种委托代理关系，有效降低代理成本的基本前提就是，大股东必须是一个有效的投资者和委托人。韦弗斯（Vieves，2001）经过研究证实，在竞争领域，私人投资者是最有效的，其次是机构投资者，效率最低的是政府。因此，中国的上市公司若要对经理人进行有效监督，降低第一类代理成本，需要引入积极的私人投资者或机构投资者，发挥其治理作用，改变高度集中的股权结构。而对于第二种委托代理关系，则需要保证中小股东是有效的外部委托人，并对公司内部人（经理和大股东）形成约束力。

然而，我国中小股东由于持股比例小，数量庞大，在信息传递效率低下的传统环境中，只是一个松散的群体，无法成为一个有效的委托人。因此，这便成为解决第二种代理问题的关键所在。但是，值得期待的是，互联网的快速发展，降低了中小股东的信息获取成本和使用成本，他们所处的信息劣势不断被改善，有助于逐渐改变其"搭便车"的被动局面。此外，网络投票的技术不断成熟，也使其维权成本逐渐下降，转变为一个积极、有效的委托人成为可能。因此，在互联网普及的环境下，使用双重委托代理理论解决中国上市公司治理问题、保护中小股东权益将有新的答案。

2.3　投资者关注理论

2.3.1　行为金融学视角的投资者关注理论

投资者关注（investorattention）理论缘起于行为金融学领域。20 世纪 80 年代大量有关金融市场的实证研究发现，现实中的金融市场存在许多异象（anomalies）是现代金融理论所无法解释的。事实上，有效金融市场理论有两个假设前提：其一，信息是完全对称的；其二，个人能够迅速准确地理解上述信息。在这样的假设下，资产的价格能够反映出一切信息。但是，这两个条件往往受到实际金融市场参与者自身知识、技能和注意能力的限制，而无法得到满足。为了解释金融市场上的这些异象产生了行为金融流派。他们提出了投资者关注这一理论，并将之运用到市场交易策略中去获取收益。

行为金融学派认为"关注"是一种认知资源，并具有稀缺性（kahneman，1973）。关注可以分为过度关注和有限关注。过度关注是指投资者因特定的引人关注事件而对相应股票产生偏离基本面的过度反应；有限关注是指投资者因不具备足够的能力来处理和吸收所有可得信息时，对反映股票基本面相关信息的反应不足（Da et al.，2011）。在涉及投资决策时，如果可用信息量巨大，投资者便需要对信息处理作出选择，从而不可避免地产生有限关注。在股票市场上"关注"具体表现为投资者限于时间和精力而不可能考虑所有的股票投资，并且对他们所能够分析的信息量也存在约束（Aboody et al.，2008）。学者们用投资者关注理论解释了金融市场上的各类异象，例如：对意外收益的不足反应、对公司较多净营运资产的过度乐观（Hirshleifer & Teoh，2003）、星期五披露收益的价格反应（Della，Vigna & Pollett，2009）以及在收益公告日附近个人投资者超常买入股票（Barber & Odean，2009）。

投资者关注理论首先被运用于市场交易策略中。因为，即使股票市场是有效的，但由于人的有限理性，关注是一种稀缺资源，人们只会在自己熟悉的范围内进行有限关注，但是对自己熟悉的股票往往又会存在过度关注，从而对相关信息进行过度解读。在股票市场上，有关公司的新闻经过投资者的关注和解读，在股价上会表现为过度反应，通常表现为成交量的异常放大，但其实该公司的基本面并没有达到预期。而投资者所不熟悉的冷门股票，只是取得了投资者的有限关注，公司即使披露过多信息，也未能被投资者所吸收，从而在股价上反应不足，成交量也未能发生明显变化。这样对个人投资者而言套利机会出现了，其策略就是利用关注影响下股价的过度反应获利。例如，新闻事件的炒作很可能带来股价的迅速拉升，个人投资者通过买入交易量异常高的股票，通常可以获取超额收益。但是，对机构投资者而言，这种策略是愚蠢的。由于机构的资金量大，仅仅依靠短期非持续的事件驱动，难以提供充足的流动性。理性的投资策略应当是反向操作，选择有限关注下股价没有理性反映相应业绩的公司股票进行投资。而对持有的过度关注下的公司股票，则应当在交易量逐步放大时逢高出货。

投资者关注理论也给资本市场的监管者带来启示。由于关注是一种稀缺资源，公司披露信息只有被投资人合理解读了才能做出理性的反应，市场的效率才能发挥，监管者不能天真地认为公司只要例行公事进行了合法合规的信息披露，市场就能理性运行。在监管中强调信息披露的准确性和及时性，只是保证股票市场交易者信息对称的基本措施。因为有限关注，投资人往往不能充分解读披露的信息，而是跟随历史交易数据或者媒体的引导去选择性地关注小道消息提供的"熟悉的股票"，并对其进行过度关注。当过度关注下公司股票出现非理性上涨时，监管机构应采取一定的手段加以抑制，并进行风险警示，纠正媒体的不良引导，减少过度解读带来的投机行为。而当有限关注下公司股票上涨不足或非理性下跌时，监管者不应以市场自由为理由袖手旁观，而应当强调价值投资的观念，加强投资者教育，并且通过合适的经济或行政手段来扭转这种非理性的预期。由此可见，中国证监会要做的工作还有很多。

2.3.2　公司治理视角的投资者关注

公司治理视角的投资者关注是基于内部人（控股股东和管理层）对中小

股东利益侵占的前提是信息不对称。据此米顿（Mitton，2002）认为，保护中小股东利益在法律的作用有限时，可以通过提高信息披露水平进行弥补。布什曼等（2004）的研究结果表明，各国的信息披露质量对投资者保护水平存在积极影响。王克敏等（2009）通过研究认为，提高公司的信息透明度，能有效降低大股东与中小股东之间的信息不对称程度，减少大股东对中小股东的利益侵占，提高中小股东利益的保护。洪金明等（2011）也发现，信息披露质量高的公司，控股股东资金占用显著减少，有效的信息披露制度有助于减轻信息不对称，保护中小股东利益。

媒体作为信息传播媒介，在投资者关注影响公司治理进而保护中小投资者的过程中发挥了重要作用。首先，媒体是市场信息中介，具有发掘公司内部信息、鉴别和传播公开信息的功能，实现了资本市场的信息传播（Frankel & Li，2004），有效降低了公司内外信息不对称的问题。其次，在媒体主导的信息传播机制中，投资者关注有助于缩小其与公司内部管理层的信息不对称程度，提高信息透明度（权小锋和吴世农，2010）。岑维、李士好、童娜琼（2014）以深交所互动易数据进行研究发现，投资者关注能有效消除股市的信息不对称，提高信息透明度，降低代理成本。最后，媒体所引发的投资者关注会将公司置于外部监督之下，减少管理层和大股东对中小投资的利益侵占。徐莉萍和辛宇（2011）研究发现，媒体对公司的关注可以改善公司治理环境，有助于更好地实现中小投资者利益保护。

2.3.3 网络大数据环境下投资者关注理论的发展趋势

网络大数据表现为互联网等各种网络媒介上可以公开获得的所有数据，包括社交平台、搜索引擎、及时通信工具、博客或微博、论坛以及各种专业或综合性网站等。网络大数据具有"3V"特征，即数据量大（volume）、速度快（velocity）和数据多样化（variety）（李倩，2017）。在网络大数据环境下，投资者关注理论沿着行为金融视角和公司治理视角有着不同发展趋势。

（1）投资者关注有了新的测度和计量工具

网络大数据提供了一种良好的投资者的信息需求测度手段。投资者的信息需求是与投资决策相关的，表现为进行投资决策之前对信息的查找和使用等，如何对投资者信息的使用情况进行度量一直是既往研究中的"瓶颈"。在线搜索引擎提供的搜索数据目前已经逐渐成为投资者信息需求的有效度量工具（Da et al.，2011）。在美国，已经有大量的研究运用谷歌的周搜索量作为投资者信息需求的测度研究投资者对上市公司的信息关注与上市公司短期绩效（隔天收益率、换手率和成交量）之间的关系（Vlastakis，2012；Schroff，2016）。在国内，刘海飞等（2017）基于网络新媒体时代背景，以社交网络信息披露与传播平台为切入点，研究了社交网络信息质量与股价同步性的内在关联关系。

（2）投资者关注理论获得了丰富的数据来源

在社交媒体、网络论坛或财经网站中，投资者对公司股票信息进行浏览、评价或讨论，这些行为记录或消息数量就是投资者对相关上市公司关注程度的直接测度。图马金和怀特洛（Tumarkin & Whitelaw，2001）在较早时期借助雅虎财经（Yahoo! Finance）研究了累计消息数量程度与相关股票的历史收益率和会计绩效之间的关系。后来，随着搜索引擎的专业化发展出现了谷歌趋势和百度指数，这吸引了研究者的注意并被作为测量投资者关注的重要指标依据。达等（2011）使用相关上市公司在谷歌中的搜索量（Search Volume Index，SVI）刻画投资者对该股票的注意力，比较其与传统投资者关注的测度指标（极端收益、换手率）之间的差异，结果表明搜索量指标能够更好地反映个人投资者的注意力，证实了个人投资者的关注会增加相关股票短期内的买入量，致使股票价格短期内的升高和长期的反转。

此外，互联网数据传播效率的大幅提升能否校正投资者的过度关注和扩展有限关注，也是未来投资者关注理论的发展趋势之一。一方面，网络大数据的发展能够更多地提供上市公司信息，并且进行充分的解读，增强了投资人进行理性决策的客观依据，存在减少过度关注和扩大有限关注的可能性。另一方面，基于移动互联网的社交媒体、网络社区中信息发布的门槛极低，而且会得到更快和更加广泛的传播，这又可能引发投资者关注中的"羊群效应"，扭曲股票市场的真实价值。究竟哪种效应更加显著？目前相关研究尚未能做出回答，未来应该是投资者关注理论的一个研究方向。

（3）投资者关注将加深对公司治理的影响

首先，网络大数据环境将大幅提高资本市场的信息传播范围和效率，投资人对于信息的获取和解读能力将有极大地提升，使资本市场信息传播机制更便于中小投资人，能够更为有效地降低信息不对称。党东耀（2015）通过对新闻传播理论的研究证实，互联网的信息传播范围和效率与传统媒体之间具有"代际差异"（intergeneration gap）。尤其是移动互联网的发展使得网络数据的传播效率和范围再度大幅度的提升。胡军等（2016）研究发现，基于移动互联网的新闻推送（网易财经等）、社交平台（Twitter、微信等）、专业财经分享社区（雪球）等多种数据分享方式，促使很多在传统媒体无法覆盖范围（时间和人群）的个体能够及时而廉价地获取信息。而网络自媒体的发展为更多的卖方研究员、机构投资管理人和专业的市场观察员发表和传播信息提供了极为便利的渠道。在这种环境下资本市场的信息传播机制必然会发生巨变，这在"宝万之争"中有了深刻的体现。一方面，上市公司的信息传播速度极快，范围极广，中小投资人获取信息的及时性和受众的广泛性上是过去传统媒体传播路径下无法想象的，通过微信、微博的迅速转发，宝能系和万科管理层、华润集团之间的沟通在第一时间就会被投资人知晓，远远领先于后来的上市公告。另一方面，各路专家对各方交易策略和交易的后果进行了充分的解读，即使没有投资经验的新人在深入了解了这些信息后，也完全能够充分了解事件的来龙去脉和未来潜在的影响。

其次，网络大数据环境下投资者关注将更易形成"聚光灯"效应，网络舆论的压力将加大内部人和大股东攫取上市公司利益的难度。移动互联网环境下传播速度和受众群体的快速增长，更易形成聚集效应。中小股东因为股权弱势而在股东大会上无法捍卫的权益，可能通过网络舆论压力而获得其他渠道（例如监管机构）的救济。尹飘扬、熊守春（2016）的实证研究结果表明，网络舆论压力对我国上市公司的公司治理产生了显著的正向影响，中小投资者通过股吧等网络平台发表的自身权益诉求得到了上市公司的积极回应。但是，借助网络舆论压力的传导，中小投资者的权益保护诉求的影响在不同所有权性质的公司中存在较大差异。

最后，网络技术的发展降低了中小股东通过网络投票参与公司治理的难度，资本市场信息传播机制在网络环境的优化缩小了中小投资人的信息劣势，中小股东参与公司治理的意愿会增强。孔东民等（2013）认为，中小股东的"冷漠"是非理性的，并损害了其利益，同时研究表明网络投票平台能够表达中小股东意愿，且能够保护其利益。但是中小股东参与度与公司治理是负相关的，主要原因之一在于公司治理弱的上市公司的信息不对称更加严重。由此可见，网络投票制带来的投票便利和累积投票制的制度设计确实有利于提升中小股东参与公司治理的积极性。如果未来互联网技术的发展能够使上市公司的信息不对称程度减弱，那么中小股东应该不再变得"冷漠"。

综上，投资者关注理论发展至今，逐渐从行为金融领域拓展到公司治理领域。该理论最初从市场的非有效性出发较好地解释了股票价格的"异象"，并被投资银行和共同基金作为制定交易策略的理论基础。随后，该理论被引入到投资者保护领域。监管机构应当在市场出现较大偏误时进行及时校正，防止和减弱过度关注和有限关注带来的非理性行为。更为重要的是，投资者关注正被引入到公司治理领域，实证研究表明以媒体为主导的信息传播机制对于弥合上市公司内部人（管理层或控股股东）与中小投资人之间的信息差异是有效的，并且媒体所引发的投资者关注对于内部人确实起到了监督作用，减少了他们对中小股东的利益侵占。在网络环境下，投资者关注理论出现了新的发展方向。因为基于移动网络大数据，中小投资人比以往任何时候更能及时而深入地了解上市公司，基于移动社交平台的转发，中小投资人之间更容易获得一致认同。同时，网络技术的迅速发展也使得累积投票制度借助网络尤其是移动互联网变得非常便利，网络关注逐渐使得中小投资人从"冷漠的投票人"开始向积极股东进行转变。

2.4　股东积极主义理论

股东积极主义是指投资者使用表决权改变公司的经营现状，实行有利可图的投资项目和策略或者颠覆无效率的决策者的行为（Hirshman，1970）。因为机构投资者较中小股东在资金规模、信息获取、研究能力等各个方面均有显著优势，所以西方文献中，通常意义的股东积极主义是指机构投资者。

2.4.1 股东积极主义分类

股东积极主义（Shareholderactivism）表现为股东积极介入到公司的决策性事务，表达自身的诉求。一般可以分为两种类型：一是社会积极主义，该种类型以企业的利益相关者为中心聚焦于股东维权（Sjostrom，2008），往往在年度股东大会和公司的董事会中提出社会问题；二是金融积极主义，该类型以股东利益至上为中心（Gillan & Starks，2007），聚焦于对公司治理或者业绩的改善。两类不同的股东积极主义，源自于对企业组织的不同认识，在股东构成、利益表达、利益诉求等诸多方面具有显著的异质性。由于社会目标并不能被经济驱动的股东所共享（Gillan & Starks，2007），因此常常被视为存在冲突。

金融积极主义是影响公司治理的主要推动者，但是社会积极主义也会对公司治理产生影响（例如他们会要求管理层的环境意识和社会责任）。从美国资本市场的发展来看，最初主要是公共养老基金开始对公司管理层发难。20 世纪 90 年代，工会基金取代公共养老基金，成为治理提案最丰富的发起人（Agrawal，2012），最终，甚至传统上受限的共同基金也纷纷跃升为积极主义者。这些积极分子主要侧重于以治理为基础的金融积极主义，寻求改善治理结构，使管理者对公司股东更负责任（Gillan & Starks，2007）。对冲基金在 20 世纪 90 年代作为一种新的金融积极主义范畴的股东开始进入研究视野。不同于前述类型的积极股东专注于对治理缺陷的事后反应，即股东通过观察和回应治理缺陷来寻求改善公司绩效（Kahan & Rock，2010），对冲基金主义更加侧重于明确的财务表现和寻求更为直接的结果，例如目标公司的现金流或基于资产的重组再分配（Brav et al.，2008）。但更为重要的是，对冲基金追求提升股东价值的同时并不寻求控制权转移（Bratton，2007）。

总之，股东积极主义在社会和金融方面具有不同目标，二者对公司治理的影响差异较大，即使在金融积极主义内部，股东仍具有显著异质性，他们并不都从改善公司治理的角度去维护股东利益，这是相关研究的逻辑起点。

2.4.2　股东积极主义的动机理论

股东积极介入到公司治理的动机主要依据委托代理理论，其基本原则是股东需要监督和激励经理（代理人）以最大化股东价值。从这个视角来看，积极主义者的行为被视为对公司治理或业绩表达不满，或是要求公司经理付出特定的行动来提升股东价值（Gantchev，2013；Klein & Zur，2011）。据此，传统的治理积极主义试图减少代理问题和通过追求完善治理结构或进程来提高机构投资者投资组合回报（Gillan & Starks，2007）。除此之外，还有其他动机，诸如：第一，自身收益的影响。因为"搭便车"行为的普遍存在，积极股东必须从所有股东价值中获得足够的利益，或者寻求并不被其他股东所共享的利益（Chava，Kumar & Warga，2010）。因此，投资者积极参与的能力和意愿可能会受到其投资组合的特性和投资回报（Ryan & Schneider，2002）、与目标公司的关系以及向焦点公司投入资源自主权的影响（Clifford，2008）。第二，股东自身的管理能力和业务资源。具有优于公司经理的能力或有能力获得其他股东支持的股东可能更愿意成为积极股东（Gifford，2010），因为他们期望更高的投资回报率。这种自我选择表明有能力和公司经理协商杠杆的投资者（Ertimur et al.，2011）或更容易获得其他股东支持的股东（Chowdhury & Wang，2009）更可能成为积极股东。这也解释了为什么机构投资者所提出的建议在过去得到了比个人投资者更高的股东支持率，并且机构投资者更愿意向董事会进行提案（Proffitt & Spicer，2006）。第三，股东的社会价值实现。这包括积极股东的社会认同、情绪和道德。虽然所有的社会问题提案都没有什么希望获得绝大多数股东的赞同（Thomas & Cotter，2007），但是社会问题提案的数量却在一段时间后有所增加（Proffitt & Spicer，2006）。社会认同的视角也许可以解释为什么虽然个人投资者的提案获得目标公司股东最低的投票通过率，但他们仍然是数量最多的积极股东（Gillan & Starks，2007）。

2.4.3　股东积极主义与公司治理理论

（1）股东积极主义介入公司治理的方式

传统意义上，股东的行为只有持有、退出与提案投票。投票作为公司股东的基本权利，允许他们有机会选择是否支持管理层。反对可以通过投票实现。投票支持积极主义者提案或反对管理层提案，通过推进实现积极主义者的意志（Ferri & Sandino，2009；Thomas & Cotter，2007）或向管理层发送其强有力的信号并影响其行为（Hillman et al.，2011），在公司运营中起着关键作用。除此之外，股东还可能使用公开股东积极行为和私下股东积极行为。公开股东积极行为包括美国证监会准则中对持股比例高于5%股东的规定或者公开信、焦点名单和媒体宣传等。而私人股东积极行为则为学者们观察不到，包括私下协商、幕后磋商、信函、电话、会议以及实时对话（Logsdon & Van Buren，2009）。私人积极行为被认为比公共积极行为更加有力，因为经理和董事为了避免在公众面前暴露公司不端行为有损其声誉，他们在关起门时可能更易于对积极主义者的需求做出反应（Hadani et al.，2011）。私人股东积极行为被研究者认为比公共股东积极行为更为普遍（Becht et al.，2009）。但是，由于信息的不透明，私人股东行为很可能并不能促进上市公司治理的改善，而是股东和代理人之间进行媾和，而这很可能是损害其他股东利益的。

（2）股东积极主义对股东利益的保护

因为美国资本市场是以大量机构投资者的形式存在，中小散户极少。因此，国外研究认为，积极股东主义是否真的能保护股东利益取决于两个要素：①公司的积极股东需要关键性的资源，例如权利和交易影响因素，或者他们也许必须依赖于负面报道的威胁。②积极分子的利益必须与其他股东的利益一致。这是因为：首先，管理层面对异质性甚至竞争性的股东诉求，经理愿意优先考虑更加强有力、需求合规且紧迫的积极股东（Chowdhury & Wang，2009）。其次，公司股东的利益可能在多维度上存在差异，例如投资回报的变化（Dikolli，Kulp & Sedatole，2009）、与公司商务合作关系（Davis

& Kim，2007）、投资者组合的考虑（Ryan & Schneider，2002）或者是现金流和投票权之间的差异（Anabtawi & Stout，2008）。此外，当公司全部股东的股份受益时，却只由积极股东来承担成本，"搭便车"的动机会严重阻碍股东积极主义。

（3）股东积极主义的经济后果

股东积极主义通过介入到公司治理来实现股东利益最大化。目前来看，股东积极主义在影响公司治理的问题上越来越成功（Ertimur et al.，2011；Thomas & Cotter，2007）。早期对于 CEO 更替的研究认为公司治理几乎没有受到股东积极主义的影响（Karpoff et al.，1996；Smith，1996），但是最近越来越多的研究表明，积极主义会迫使管理层自律并且会增加目标公司 CEO 失业的可能性（Brav et al.，2008）。并且，通过减少管理层代理成本，积极主义能够在市场中加速其行为对公司予以控制。积极主义与诸如"解除毒丸"或者解密董事会（Guo，Kruse & Nohel，2008）之类的股东权利问题有关。那些一直因为反收购条款而成为收购对象的公司最终往往都会被收购（Del Guercio & Hawkins，1999）。但是，几乎没有证据表明，针对治理变革的股东积极主义能够显著改善经营业绩。

（4）中小股东与股东积极主义

前述国外研究表明股东积极主义主要与机构投资者相联系，主要原因在于：首先，在与代理人的博弈中，有效的积极分子必须要有一定的经济、商业和政治筹码；其次，美国证券市场没有如此之多的"散户"。中国资本市场面临大量"散户投资者"的中小股东利益维护问题，一直以来监管机构力图通过发展资产管理业务推进"散户投资机构化"，形成了公募基金、私募股权投资、资产管理计划（含券商、信托和银行理财）等多元化的机构投资人。根据中国证监会《中国资本市场发展报告 2016》显示，资产管理计划占据全部资产管理业务份额的 85% 以上，其中超过 72% 投资于被动投资类产品①。大量的集合投资完全成为财务投资人，而且通过结构化交易设计基

---

① 数据来源：中国证监会《中国资本市场发展报告 2016》，http：//www. csrc. gov. cn/pub/ne-wsite/yjzx/cbwxz/ebook/。

本不在上市公司享有任何表决权。公募基金一直以来为了规避信息披露，其持股比例一般低于5%，另外，迫于排名压力而更加追求短期绩效，成为积极股东的动机不足，最终形成了机构投资"散户化"的特点。这构成了研究中国市场股东积极主义的现实起点。

但是，互联网平台的发展迎来了属于"散户"股东积极主义的新时代（杨晶、沈艺峰，2017）。首先，散户形成的网络舆论起到了对代理人的额外监督作用。媒体舆论具有非正式治理作用，在某种程度是正式公司治理机制的补充（Zingales，2002；李培功、沈艺峰，2010）。个人投资者因为股权比例小，无法在上市公司正式的治理结构中进行提案，因而其真实意见往往通过互联网平台进行表达，并可能最终形成网络舆论对大股东和管理层起到额外的监督作用。其次，投资者网络关注使得信息劣势缩小，从而提升了中小投资者参与公司治理的动机。网络使中小投资者及时而深入地了解上市公司信息成为可能，信息不足被弥补之后，维权动机将会提升。最后，网络使中小投资人之间的沟通或表达意见变得极为便利，形成一致意见的成本大幅下降。徐龙炳（2017）发现，当上市公司并非"一股独大"，股权相对分散时，机构投资者更可能成为积极股东。袁蓉丽等（2016）通过对2012年格力电器董事会换届选举的案例进行研究发现，机构投资者之间就是借助网络进行联合，并征集和引导中小股东的投票权，最终阻止了格力集团派驻的董事，机构投资人和散户一起充当了积极股东的角色。因此，我国股票市场的结构和特征在网络环境的催化下，使得传统的股东积极主义理论呈现出"散户"积极主义的新特征。

第 3 章

网络环境中的投资者关注及
中小股东治理行为变革

3.1　互联网发展总体概况

互联网的出现是人类通信技术的一次革命，并给全世界带来了深远的影响。2014 年 11 月，李克强总理出席首届世界互联网大会时指出，互联网是大众创业、万众创新的新工具。此后，李克强总理又在十二届全国人大三次会议的政府工作报告中首次提出"互联网＋"行动计划。2016 年 10 月，习近平总书记在实施网络强国战略的集中学习中也指出，当今世界，网络信息技术日新月异，全面融入社会生产生活，深刻改变着全球经济格局、利益格局、安全格局。这深刻体现出随着互联网的日益发展，我国决策层已经对互联网及其对社会、经济的影响保持了较高的重视程度。

3.1.1　我国互联网发展的历史阶段

我国互联网的产生相对较晚，但经过几十年的发展，已经显示出巨大的发展潜力。纵观我国互联网发展的历程，本研究将其分为以下三个历史阶段：

（1）中国互联网的门户时代（Web 1.0）

1995～2004 年是 Web 1.0 时代。这一时期的网络以门户网站为主，具有"内容为王"的特点。网站是信息提供者，并且单向性地提供信息。以百度为主的搜索引擎提高了用户获取信息的效率，增加了信息收益的准确程度，互联网生产力得到极大提升。互联网环境下，人与内容之间的关系常常受到超链接等外部因素的干扰，从而呈现偶然性、随意性与跳跃性，人与内容的关系往往是不稳定的，这种关系对人们在网络中的行为方式产生较强的制约作用。这一时期的典型代表为新浪、搜狐、网易三大门户网站。

（2）中国互联网的搜索/社交时代（Web 2.0）

2005～2008 年为 Web 2.0 时代。这一时期的互联网强调网站与用户之间的互动。网络是平台，用户提供信息，其他用户通过网络获取信息，并参与网站建设，实现了网站与用户之间的双向交流与互动，"关系为王"逐渐取代了 Web 1.0 时代"内容为王"的特点。互联网内容生产方式已经从专业组织的制度化、组织把关式扩展为更多"自媒体"随机的、自我把关式，内容的生产主体已经从专业网站扩展为网民个体，而互联网内容的生产目的也从内容本身扩展到用内容来延伸自己在网络社会中的关系。这一时期的互联网典型代表如博客中国、天涯社区、QQ 空间、facebook 等。

（3）中国互联网的大互联时代（Web 3.0）

2009 年至今为 Web 3.0 时代。Web 3.0 是一个基于大数据分析，具有主动性、多维化的第三代互联网系统，它从 Web 2.0 的"关系为王"转变为"服务为王"。Web 3.0 的主动性强调网站对用户需求的主动提取，在经过分析处理之后给用户所需要的信息。其多维化则指更丰富的多元化媒体技术或播放形式，如在线视频、虚拟现实、网络直播、网络教育等。Web3.0 互联网系统可以通过大数据分析技术，将商品或服务以数据的方式进行统计，帮助决策者做出更精准的分析，解决其在不同业务场景面临的问题。其最为典型的特征是多对多交互，不仅包括人与人，还包括人机交互以及多个终端的交互。以智能手机为代表的移动互联网作为开端，网络将成为用户需求的理解者和提供者，对用户的特征、行为习惯了如指掌，并可以进行资源筛选、智能匹配，最终给出用户答案。大互联时代将实现"每个个体、时刻联网、各取所需、实时互动"的状态。这一时期的互联网典型代表如网络自媒体、微信公众号、网络直播、智能手环等。

从上述三个发展阶段来看，事实上，无论是 Web 1.0 还是 Web 2.0，它们都是在窄带互联网环境下，基于内容和交互的信息模式，只是后者内容和表现形式更为丰富，用户的参与度也更高。而随着网络基础设施的日趋完善和信息技术的持续革新，Web 3.0 时代更为深刻地改变或影响着人们的日常生活。因此，基于 Web 3.0 时代的互联网特点进行研究具有较强的现实意义。

3.1.2　我国互联网发展的总体现状

根据《中国互联网络发展状况统计报告》显示，从 2009～2015 年，我国互联网规模不断加大，网络普及率持续增长，这使得企业经营环境和模式发生了变革，也使得网民的日常生活产生了剧变。

（1）网络基础资源稳步提升

网络基础资源是互联网的根基，其发展水平直接影响着互联网的整体发展质量。本研究从四个维度衡量中国互联网基础资源的整体发展水平，包括 IP 地址数、域名数、网站（网页）数、国际出口带宽数。

根据《中国统计年鉴》2016 年的数据显示，从 IP 地址数量来看，由于全球 IPV4 地址已于 2011 年分配完毕，因此 IPV4 地址数量稳步增长至 2011 年的 3.3 亿多个后就基本维持不变。而 IPV6 地址数量则从 2009 年的 63 块/32 历经 2011 年 9398 块/32 的骤增后又逐年增长到 2015 年的 20594 块/32，有力地保障了中国互联网稳步发展。

从域名数来看，2009 年底，我国互联网域名总数为 1682 万个，其中 80% 为". CN"域名。2015 年域名总数为 3102 万个，其中". CN"域名总数年增长率为 47.6%，达到 1636 万个，占中国域名总数的一半以上，成为全球注册保有量第一的国家和地区顶级域名；". COM"域名数量为 1100 万个，占比 35.5%。这总体反映出我国互联网域名数量保持平稳，域名利用率正在增加。

从网站数量来看，总体呈增长趋势。2010 年，我国网站数量为 191 万个，截至 2015 年，我国网站总数达到 423 万个，其中，". CN"下的网站数为 213 万个。此外，网页规模也反映了互联网内容的丰富程度。从 2008 年开始，中国的网页数量虽然增速放缓，但 2009～2015 年，中国互联网网页数量从 336 亿个逐年增长到 2123 亿个。

从国际出口带宽来看，2009 年我国国际出口带宽达到 866367Mbps，而截至 2015 年我国互联网国际出口带宽逐年增长到 53921116Mbps，其间年增长均在 20% 以上。

总体上看，我国互联网基础资源在 2009～2015 年增长迅猛，互联网基础设施建设取得了成效。

（2）网络基础设施得到改善，网民上网时长不断上升

从电子产品的市场供给来看，手机产量高速增长，持有量不断攀升，而电脑产量和持有量则总体呈现下滑趋势。根据《中国电子信息产业统计年鉴》（2016）数据显示，2015 年，我国手机产量高达 18.1 亿部，同比增长 7.8%，其中智能手机产量达到 13.9 亿部，同比增长 11.2%，占手机总产量近 7 成的比例，比 2014 年提高 3 个百分点。全球手机市场尤其是智能手机市场近年一直保持了两位数的增长[1]，在中国的持有量已达 72%[2]。而与此同时，我国累计生产微型计算机 3.14 亿台，同比下滑 10.4%。其中，笔记本电脑产量为 1.74 亿部，占微型计算机总产量的 55.4%。计算机全行业实现销售产值 21447 亿元。数据说明，手机、平板电脑等移动终端因其具有良好的便携性，在娱乐、休闲方面发挥了巨大的优势。在移动终端替代性的冲击下，台式电脑、笔记本电脑曾经的娱乐、休闲功能被分流，较以往更加集中于办公属性，因而市场持续萎缩。并且从全球市场来看，除笔记本市场在商用领域存在转机以外，PC 市场仍将继续下滑。

以上情况与我国互联网接入设备的情况非常契合。数据显示，

---

[1]　数据来自市场研究机构 IDC 的研究报告。
[2]　数据来自市场研究公司 Kantar Worldpanel Comtech 的研究报告。

2009 ~ 2015 年，手机所占比例一直处于上升地位，电脑所占比重则稳中有降。总体上，2012 年以前，网民主要通过台式电脑接入网络，但随后通过台式电脑接入网络所占比重逐年下降。通过笔记本接入网络所占比重在 2011 年到达顶点后逐年回落，而通过手机接入网络所占比重则一直保持着较高的增长率，在 2012 年时首次超过台式电脑。截至 2015 年，已有九成以上网民通过手机上网，这对通过电脑端上网产生了很大的冲击（如表 3 – 1 所示）。

表 3 – 1　　　　　　　　2009 ~ 2015 年上网设备利用情况分析　　　　　单位：%

年份	台式电脑	笔记本	手机	平板电脑	电视
2009	73.4	30.7	60.8	—	—
2010	78.4	45.7	66.2	—	—
2011	73.4	46.8	69.3	—	—
2012	70.6	45.9	74.5	—	—
2013	69.7	44.1	81.0	28.3	—
2014	70.8	43.2	85.8	34.8	15.6
2015	67.6	38.7	90.1	31.5	17.9

资料来源：根据中国互联网络信息中心（http：//www.cnnic.cn/）所发布的第 25 ~ 37 次《中国互联网络发展状况统计报告》整理而来。"—" 为缺失数据。

从网络环境来看，Wi – Fi 无线网络和 3G/4G 网络环境的发展，使得网民得以越来越便利地接入互联网。2009 ~ 2012 年，由于智能手机尚未普及，且网络资费较高，通过家中、网吧和单位固定宽带上网的用户占主要地位，其中以家庭宽带上网的用户最多，且比例持续走高，截至 2012 年底，达到 91.7%。但是，从 2013 年开始，由于智能手机市场竞争日趋激烈，手机价格普遍下降，加之网络资费的降低，通过手机接入互联网的网民比例有所增加，这使得在家庭、网吧和学校等场所通过宽带上网的比例均有所下降。此后，由于我国政府大力推进"智慧城市"、"无线城市"建设，并与企业合作部署城市公共场所、公共交通工具的无线网络，公共区域的无线网络覆盖率日益提高，机场、咖啡馆、餐厅、车站等公共场所无线网络环境不断得到改善,通过公共场所无线上网成为网民网络办公、娱乐地点的有力补充。截至 2015 年底,我国通过 Wi－Fi 无线网络接入互联网的网民比例高达 91.8%,网民得以更为便利地通过无线网络接入互联网。此外,在家使用互联网的网民中,家庭 Wi－Fi 的普及率已达 81.1%,Wi－Fi 的使用对家庭中高龄成员上网具有较强的带动作用,进一步推动了我国互联网普及率的提升。与此同时,由于我国通信基础设施建设不断升级,网民对移动端高流量应用的使用需求不断增加,在运营商的积极推动下,2G 手机用户不断向 3G/4G 手机用户迁移。2015 年,国务院办公厅印发了《关于加快高速宽带网络建设推进网络提速降费的指导意见》,明确指出要加快基础设施建设,大幅提高网络速率。三大运营商据此相继行动,降低网络流量费用,实施"流量当月不清零"等措施。网民上网成本的不断下降,极大地促进了网络接入环境的完善和 3G/4G 网络使用率的提升。截至 2015 年底,我国网民通过 3G/4G 上网的比例为 88.8%。除固定宽带和 Wi－Fi 无线网络外,3G/4G 也成为我国网民主要的上网方式,并且这一趋势将会继续。

智能手机、平板电脑等无线终端的迅速普及,加上 Wi－Fi 无线网络和 3G/4G 网络环境的不断完善,更好地满足了网民上网的硬件需求。而互联网络上各种层出不穷的软件应用,则越来越深入改变了网民的衣食住行,网民普遍对网络依赖性更强,增加了其互联网的整体使用时长。从表 3－2 中每周上网时长来看,网民在 2009～2015 年期间的上网时间总体呈现上涨趋势。其中,2013 年每周上网 25 小时,相对于 2012 年的 20.5 小时增加了 4.5 个小时,是增幅最大的一年,这可能得益于智能手机的日趋普及、无线网络的环境改善和网络资费的降低,使得使用手机上网的网民能够更多地利用碎片时间上网,增加了其上网时长。

表 3－2　　　　　　　　　　　网民人均每周上网时长　　　　　　　　单位:小时

	2009 年	2010 年	2011 年	2012 年	2013 年	2014 年	2015 年
上网时长	18.7	18.3	18.7	20.5	25	26.1	26.2

资料来源:中国互联网络信息中心(http://www.cnnic.cn/)。

（3）网民规模持续增长

在上述网络基础资源的增长下，我国网民规模呈现出强劲的增长态势（具体如表 3-3 所示）。

表 3-3　　　　　　　　　　　　2009~2015 年我国网民规模

年份	互联网上网人数（万人）	城市宽带接入用户（万户）	农村宽带接入用户（万户）
2009	38400	—	
2010	45730	9963.5	2475.7
2011	51310	11691.4	3308.8
2012	56400	13442.4	4075.9
2013	61758	14153.6	4737.3
2014	64875	15174.6	4873.7
2015	68826	19547.2	6398.4

资料来源：中国互联网络信息中心（http://www.cnnic.cn/）。

近几年，我国网民规模和互联网普及率持续增长。从表 3-3 中数据可以看到，2009 年底中国的网民数量为 3.84 亿人，互联网普及率为 28.9%，而到 2015 年，中国网民规模已达到 6.88 亿人，互联网普及率达到 50.3%。

网民规模的持续增长表现出两个特征：一是持续增长的态势不受地域限制，具有一定普遍性，即表现为城市和农村的网民规模两方面的快速增长。从表 3-3 中互联网宽带接入用户数可以看到，从 2010~2015 年，城市宽带接入用户数从 9963.5 万户持续增长到 19547.2 万户，而农村宽带接入用户从 2475.7 万户持续增长到 6398.4 万户，后者增长速度更快。此外，从农村网民规模来看，截至 2015 年 12 月，我国农村网民占比 28.4%，相比 2014 年底增长 9.5%；城镇网民占比 71.6%，相比 2014 年增长 4.8%。农村网民增长速度较城镇网民更快，反映出互联网普及趋势较强。另一个特征是持续增长的态势受到互联网技术进步的推动，主要表现为以手机设备和移动互联网的异军突起所带来的快速增长。从数据来看，2009 年开始，手机网民在整体网民中的占比相对于 2008 年有显著增加，并且从 2009~2015 年网民上网设备呈现明显不同的趋势。2009 年网民通过手机、台式电脑和笔记本电脑接入互联网的比例分别为 60.8%、73.4% 和 30.7%，而到了 2015 年，手机、台式电脑和笔记本电脑接入互联网的比例分别为 90.1%、67.6% 和 38.7%，这反映出手机网民用户的增长最为突出，其用户规模从 2.33 亿户持续增长到 6.2 亿户，而与此同时，通过电脑端上网的用户基本持平或略有下降。

（4）各类网络应用的用户规模和使用率总体上升

根据应用的业务属性，本研究将主要的网络应用大致分为信息资讯类、商务交易类、网络娱乐类、社会沟通类和公共服务类。根据中国互联网络信息中心数据①显示，我国 2009~2015 年绝大多数网络应用的用户规模和使用率呈现上升趋势，但也有少数类别应用用户规模和使用率趋于下降，有一定的分化，用户对网络应用的偏好存在轮换，且不断涌现出新的应用类型。

①多年来信息资讯类网络应用一直占据主导地位且发展稳定。这类应用主要包括搜索引擎和网络新闻，在互联网实现信息传递过程中发挥了重要的作用，也是互联网发展历程中"内容为王"时期的重要角色担当。从 2009~2015 年，搜索引擎和网络新闻在所有的网络应用中一直保持着前三位的用户规模和使用率，并有稳步缓慢上升的趋势，这体现出互联网的信息传播功能在其发展过程中不断在延续。

②商务交易类网络应用的增长速度异常突出。主要包括网络购物、网上支付、团购和旅行预订等，从 2009 年开始，商务交易类的网络应用虽然用户规模和使用率并非位列前位，但其相对于其他几类网络应用而言，发展速度很快。尤其是网络支付，从 2009~2015 年，其用户规模和使用率分别从 9406 万人、24.5% 迅速增长至 41618 万人、60.5%。在网络支付的带动下，网上银行和网络购物在这期间也迸发出快速增长的活力，越来越多的传统经济活动步入了互联网时代。此外，数据还显示，从 2014 年开始，互联网金融逐渐进入人们的视野并逐渐被更多人接受，随后进入稳步发展阶段。

---

① 本章以下数据根据中国互联网络信息中心（http：//www.cnnic.cn/）所发布的第 25~37 次《中国互联网络发展状况统计报告》整理而来。

③娱乐类网络应用主要包括网络音乐、网络视频、网络游戏和网络文学，近年来总体呈现下滑趋势。2009～2015 年，娱乐类应用的使用率除网络视频应用略有上升外，其余娱乐类应用均普遍下降，网民在网络音乐和网络游戏等娱乐类应用的使用率从 83.5% 和 68.9% 分别降至72.8% 和 56.9%，网络娱乐在实现用户量的扩张之后进入相对平稳的发展期。

④社交沟通类网络应用中主要包括即时通信、博客、空间、微博和社交网站等。即时通信一直都是用户最为经常使用的网络应用之一，其用户规模和使用率一直处于上升趋势，并且随着移动互联网时代的到来，其增长趋势有所加快。截至 2015 年底，即时通信用户规模达到 6.24 亿，占网民总体的90.7%。其中，手机即时通信用户为 5.57 亿，占手机网民的 89.9%。手机即时通信由于其具有随时性和社交性，功能定位逐渐从以前单一的聊天工具演变成支付、游戏、购物等高附加值业务的多功能集成入口，以其庞大的用户资源为其他服务提供了巨大的潜在商业价值，同时也极大地增加了自身用户黏性。而其他社交应用的变化趋势则呈现分化。总体上来看，社交网站和博客/空间在 2010 年的用户规模和使用率有所激增，但随后社交网站的应用逐渐趋于下滑，博客/空间的应用则缓慢上升。微博的应用则有所波动，2010～2011 年，其用户规模和使用率出现迅猛增长，成为网民重要的信息来源渠道，并在 2012 年达到顶点，但随后从 2013 年开始，其用户规模和使用率又双双出现快速回落。

⑤公共服务类网络应用主要包括在线教育和互联网医疗。2015 年开始，医疗、教育服务模式加速网络化，互联网有力地提升了公共服务水平，网民的生活全面网络化。调查结果显示，在线教育、互联网医疗、网约车等公共服务类应用的用户规模均在 1 亿以上，用户习惯逐渐养成，未来具有强劲的增长潜力。

总体而言，网民对各项网络应用的使用程度不断加深，并融入到其个人生活的方方面面。首先，即时通信工具、社交平台、搜索引擎和网络新闻属于基础性网络应用，用户规模一直呈现稳中有升的趋势；即时通信的使用率已基本饱和，但其基础功能向外延伸的态势非常明显，成为以用户为核心连接各类服务的综合平台；搜索引擎由单纯的信息服务向生态化平台服务快速转型，并实现快速增长；网络新闻市场朝着"资深编辑＋智能算法"相互融合的方向发展，针对用户需求，实现精准个性化推荐。其次，商务交易类应用经过多年的高速增长，进入稳健发展时期。支付类应用的增长推动了消费者生活相关应用和数据服务功能的产生，拓宽了网民的投资理财渠道。在移动支付的拉动下，商务类应用得到了跨越式发展，在各项网络应用中表现抢眼。网络购物市场保持快速发展，跨境电商和农村电商市场规模不断扩大；团购网站向 O2O 模式拓展消费潜力；网络订餐市场积极扩充线下商户；在线旅行行业发展迅速。

3.2　网络环境发展与投资者关注的变化

3.2.1　传统媒体环境下的投资者关注

互联网的快速发展带来了媒体环境翻天覆地的变化，并进而影响到信息关注和使用者的行为。传统媒体主导下形成的投资者关注有其天然的缺陷，因为媒体传播的消息是单向的，在没有交流和评论的情况下，投资者往往选择相信甚至是盲从。比如，传统媒体在对上市公司进行报道时，囿于撰稿人本身专业限制和追逐新闻热点的职业本能，往往其本身的报道就是对上市公司信息的过度解读，例如，在互联网教育成为投资热点时，大量媒体对创业板上市公司"全通教育"的商业模式进行了脱离实际的分析，这可能造成投资人过度关注此类股票，最终导致资产泡沫。而且媒体传播的信息和上市公司实际发生的事件之间往往还可能存在时滞性，投资者据此进行的决策可能已经滞后。这就是行为金融学领域的有限关注和过度关注的成因之一。此外，媒体往往容易为利益集团所收买，一方面根据上市公司内部人的要求选择性的释放信息，引发投资者关注和非理性解读；另一方面，被收买的媒体会与上市公司进行合谋，设法回避上市公司的关注以利于其侵害行为能够持续。而随着网络的发展，尤其是互联网社交平台的兴起，对投资者关注产生了新的影响。

3.2.2 网络媒体环境下的投资者关注及其变化

网络媒体平台促进了投资人之间的充分交流和互动。例如，在很多专业财经社区的讨论中不乏对相关信息的专业和理性分析，投资人的很多疑问能够在这里获得证实或者证伪。尤其对于市场热点的股票，平台上通过投资人（其中不乏专业投资人、行业专家）之间的讨论形成理性辩思，投资者可以在这里获得关于上市公司相对充分和理性的信息解读，降低了过度关注所引发的过度解读，减少了非理性投资的概率。另外，还有很多专业的财经社交平台已经与实时移动通讯工具之间形成对接，读者很容易在微信、微博中进行转发，一方面极大地提升了信息传播的速度和效率，大大减少了传统媒体报道所产生的时滞；另一方面，大量的转发引发投资人关注，迅速使上市公司处于网络焦点，其管理层和大股东不得不收敛自利行为。

因此，随着我国互联网的发展，一方面，投资人可以通过移动互联网社交平台低成本地获得更多理性的信息，投资者关注开始变得理性，一定程度上纠正了过度关注所导致的过度解读行为。另一方面，互联网平台为投资人对上市公司信息的深入挖掘提供了便利，使其可能更加关注企业是否能够真实地创造价值，对于被过度解读的股票而言这是个去泡沫的过程，使这类股票实现价值回归。而且，在理性关注的基础上，投资者之间在社交平台上交流和转发将会引起网络关注，公司管理层和控制人不得不减少侵害行为，从而真正夯实了公司股票的价值。更为重要的是，我国移动互联网的发展，使得中小投资人与"内部人"的信息差异被缩小，投资者的持续关注会引发其参与公司治理的动机，并且移动社交平台的转发功能能够低成本地形成一致意见，借助网络投票或转让退出等手段，中小股东具有了发挥治理作用的可能。

3.3 网络环境下的中小股东治理变革

3.3.1 公司治理环境的变革

互联网以及移动互联网技术的不断发展和深度应用，使得一系列以互联网为平台的新兴行业得以出现，传统的公司治理模式受到了冲击，也为新环境下的公司治理问题提供了新的治理主体和机制。总体而言，互联网背景下的公司治理环境存在以下变革。

（1）新的治理手段逐渐显现

我国证监会早在 2004 年便推出了网络投票平台，但受制于网络使用成本较高，且网络基础设施不甚发达，网络普及程度并不高，真正通过网络投票方式表达自身意愿参与公司治理的中小股东人数极为有限。中小股东的治理手段依然主要依靠"用脚投票"，即通过转让股票所有权进而影响公司股价来实现对公司的制约。但是，随着互联网技术的不断发展，网络基础设施的不断完善，网民使用网络的成本大幅下降。这直接使得普通投资者有了更为便利的方式了解公司信息，并通过网络投票平台参加股东大会。这使得中小股东的治理手段不再仅仅局限于"用脚投票"，而是呈现出"用手投票"和"用脚投票"的多元格局。

（2）信息不对称程度得以降低

互联网和移动终端的快速发展降低了信息的传播成本，也降低了投资者的信息获取成本和使用成本。网络新闻媒体、自媒体等媒体平台为公司的外部投资者传递或推送各种财务信息或公司公告，微信、微博等网络社交平台也为投资者们提供了便利的信息交流媒介。这些由网络媒体和网络社交平台所产生的公司信息"大数据"，成为上市公司强制披露信息之外的重要补充，以往单向推进的信息披露方式得到改革。这使得外部投资者们得以更加迅速地捕捉公司信息，并及时地修正其投资决策；同时，也使得公司内部治理主体（管理层和大股东）得以更为全面地了解公司信息和市场反馈，从而约束自身行为。因此，公司内部人和外部投资者之间的信息不对称程度得以降低。

（3）新的治理主体逐渐产生

公司治理成本的降低造就了中小股东、社群等新的积极治理主体应运而生。互联网的便利和低成本使得原来没有能力、缺少动力的中小股东得以通过网络投票或转让退出等多种方式进行公司治理。中小股东逐渐成为新的治理主体。基于大数据分析的互联网使得网民获取信息的方式从网络搜索转变为精准信息推送，社交网络上的"影响型"朋友成为信息传播的重要节点，促使互联网络群体以及网络媒体成为公司重要的外部治理主体。以往被视为"搭便车者"的中小股东或其他潜在外部治理主体通过使用和分析这些数据，有助于其更加精准地对公司进行治理和监督，间接或直接地影响着公司内部人的行为并在股东大会的公司决议中成为关键的一票影响着公司的决策。

3.3.2　中小股东参与公司治理的变化

随着互联网平台的兴起，媒体升级进入到了传播效率更高的网络媒体时代。一直以来，中小投资人持有较低的股权、面临较高的信息不对称与行权成本，其参与公司治理的积极性不高，也因此被贴上了"投票冷漠"的标签（孔东民等，2013）。网络媒体主要解决了两个方面的问题。

（1）中小股东公司治理的动机得以增强

首先，互联网社交平台提供了大量的投资信息，引发投资人关注。随着Web 2.0的发展，移动互联网社交媒体成为投资者交流的主要媒介。2006年起，Twitter吸引了社会各界广泛的关注并成为其用户。许多投资者和交易员在Twitter上讨论公司股票信息。新闻媒体甚至认为Twitter上的信息与其他渠道股票信息同等重要。中国社交平台微博和微信的兴起，也集聚了大量的投资者之间的专业讨论群。但是这些平台并非专注于财经领域，平台信息繁杂。随后，美国出现了专业的财经社交平台，如StockTwits.com、SeekingAlpha、Estimize 等。中国紧接着出现了雪球、知乎等专业财经社交平台。这些社交平台中不乏大量的专业投资人、企业的内部管理人员、同行业专家等，其在平台内进行大量的信息交流并对所有参与人公开，参与人也可以以关注或者回复的形式参与讨论，中小投资人可以从中获得对上市公司公开信息的专业解读，甚至还可以获取一些"额外信息"，这在一定程度上有效弥补了中小投资人对于上市公司信息了解的不足，极大地引起了中小投资人对企业的关注。其次，券商借助互联网提供投资者教育服务，提升了中小投资人的投资能力。中国证监会一直以来要求券商加强投资者教育，提升投资者的专业能力，但囿于成本限制，券商对此无法有效推进。但互联网提供了一种有效的机制和手段，一方面在券商之间因为互联网开户和交易技术的发展而竞争加剧，另一方面通过互联网能够以极低的成本通过提供较好的投资者教育服务，增强自己的用户粘性。根据《中国证券业报告 2015》显示：2015 年度，99 家公司官方网站中设置了投资者教育专栏，发布相关文章 16 万篇。93 家公司通过网上交易终端发布投资者教育相关信息 44 万余条。2015 年，证券公司利用微信等社交媒体开展投资者教育工作覆盖投资者数量大幅增加。开通了官方微信、微博的公司数量为 92 家，较 2014 年提升了 35.29%；关注人数达 1200 万人，较 2014 年提升了 256%。许多公司在总部开通微信服务号、订阅号的同时，分支机构也针对目标客户相继开通特色微信公众号。其中，80 家公司在官方微信、微博中设置了投资者教育专栏，全年发布投资者教育、保护相关文章达 4 万多篇。移动交易终端成为投资者教育服务的重要平台。69 家公司通过移动交易终端发布投资者教育相关信息 354 万条。例如，广发证券将投资者服务和移动互联网创新趋势相结合，开发了"有问必答"7×24 小时在线答疑系统，投资者可随时随地通过平台发出咨询请求，分布于全国各地的近 7000 名专业投资顾问和客服人员会及时应答投资者需求，2015 年答疑数超过 380 万条。券商的投资者教育极大地提升了中小投资人的投资能力，促使他们有能力主动维权。综上，专业互联网社交平台和券商网络化的投资者交易大大提升了中小投资人对上市公司治理的关注，不再满足于成为"沉默的大多数"。已有研究发现了中小股东参与公司治理的意识"觉醒问题"。例如，孔东民等（2013）发现中小股东参与公司治理的积极性与公司治理水平负相关。黎文靖（2012）等发现了在大股东代理问题严重与公司信息透明度较差的公司，中小股东参与网络投票的积极性更高。

（2）中小股东公司治理的手段更加有效

理论上，中小股东主要可借助于三种机制维护自身权益：董事监督机制、股东诉讼机制、股东投票机制（郑国坚、蔡贵龙等，2016）。首先，在董事监督机制下，中小股东权益的保护依赖于独立董事和中小股东董事。由于独立董事独立性很大程度上受到管理层的制约，使得独立董事对管理层的监督作用有限（陆正飞、胡诗阳，2015），支晓强和童盼（2005）也早就指出"独立董事在维护中小股东利益方面难以发挥实质性作用"。同时，我国现阶段中小股东处于绝对弱势一方，上市公司中鲜有中小股东提名的董事，其利益诉求难以通过该种机制实现。其次，在股东诉讼机制下，完善的国家法律制度体系赋予中小投资者面临掠夺威胁时的诉讼权利，以此阻吓和追究大股东的侵权行为。但是学术界研究表明，我国监管机构的执法水平较弱，投资者保护整体水平较低（姜付秀，2008；沈艺峰，2009），投资者实际上通过司法维权的成本高昂，效果不佳，这严重地挫伤了投资人司法维权的积极性。股东投票机制下，主要是通过累计投票机制、分类投票机制来弥补中小投资人的劣势，而网络投票制则大大降低了投资人的行权成本。姚颐、刘志远（2011）的研究表明，当实际控制人存在严重侵害中小投资人权益时，分类投票制可以较好地提高中小股东投票权从而限制实际控制人的权利。累积投票制能够抵制因控股股东股权过分集中而导致中小股东集体失语，大幅提高中小股东提名董事人选并通过选举的可能性（吴磊磊等，2011）。

中小股东在理论上虽然有上述机制寻求自我利益保护，但是，在传统环境下，这些机制的运行存在高昂的行权成本，事实上名存实亡，使其更多的只是通过退出机制（抛售股票）以自保。因此，为了更好地实现上述机制，中国证监会在 2004 年开始要求上市公司开放网络投票机制。随着互联网技术的发展，网络投票越来越多地应用在上市公司股东大会表决中，极大地方便了中小股东参与上市公司治理。因此，从现实来看，我国中小投资人参与公司治理的方式主要是通过股东投票机制进行，而网络技术的发展使得网络投票极大地提升了中小股东参与公司治理的能力。孔东民等（2013）的研究指出，在实行网络投票制之前，我国中小股东参与企业投票的比例只有1%左右。而2015年5月28日，在深康佳2014年股东大会上，中小股东利用网络投票征集投票权，通过累积投票权使得4位董事候选人进入深康佳董事局（7人董事局），成为中国资本市场第一家在董事会治理结构中中小股东击败控股股东的案例。

综上可见，网络环境提升了中小股东参与上市公司治理的动机、提供了其参与上市公司治理的有效手段，促使公司治理机制发生变革——中小股东通过行使投票权介入公司治理。这种变革将对控股股东对上市公司的"掏空"（Tunneling）行为和管理层的"内部人控制的代理"行为构成约束，降低上市公司的代理成本，实现企业的长远价值，在相对薄弱的法律环境中提供了一种非正式的投资者保护机制。

此外，当中小股东无法通过"发声机制"有效参与公司治理来维护自身权益时，还应当有合理的退出机制通过外部治理机制来约束两类代理问题，即"用脚投票"（曹庭求，2015）。一直以来，中小投资者被视为"小散"，其交易规模小而且各自独立，难以对公司市值造成实质性影响。但是，网络的发展使得"小散"们能够在专业社交媒体上进行交流，在网络投票阶段实时监控，一致性行动的可能性相比原来有了较大提升。同时，券商不断适应互联网化，从电脑终端的开户和交易迅速升迁到移动终端，手机App使得中小投资人的证券交易可以实现随时在线和成本不断下行，"用脚投票"的便利性大大提升。因此，互联网的发展应当也能够促使中小股东退出机制发挥外部治理效应，但囿于相关研究较少，后文拟在此方面进行相关实证研究，以检验相关机制是否能够成立。

第 4 章

网络关注对中小股东
治理行为的影响

4.1 问题的提出

网络环境的快速发展催生了公司治理环境的变革，网络技术也降低了中小股东行使表决权的门槛，使得中小股东参与公司治理的手段和角色发生了变化。从中小股东的权益体系来看，网络信息的快速、广泛传播无疑增强了中小股东的知情权，降低了信息不对称程度，那么，中小股东还会是一个"搭便车者"吗？投资者网络关注将会如何作用于作为中小股东主要参与手段的表决权和转让退出权？本章将对此进行探讨。

4.2 理论分析与研究假设

根据夏冬林（2000）的研究，股东对经营者（内部人）的监督机制可以通过"用手投票"的内部监督，也可以通过"用脚投票"的市场监督实现。但是既往的研究大多将中小股东视为"搭便车"者，忽视了其进行公司治理的主动性。故本研究将在互联网日趋普及的大环境下，从这一利益主体出发，探讨投资者对于公司的网络关注能否以及如何影响中小股东"用手投票"和"用脚投票"的治理行为。

4.2.1 网络关注对"用手投票"治理行为的影响

网络关注可以从多个途径影响中小股东"用手投票"的治理行为。首先，从公司治理角度来看，由于中小股东大多就是社会公众股股东，故对公司的网络关注会形成其对公司的监督压力。贾莹丹（2015）认为，中小股东所带来的外部监督力量会发挥出间接的公司治理效应。在外部监督之下，公司内部治理机制会相对完善，为中小股东提供更多的网络投票机会，使其有更多可能在公司决策中发声，由此形成积极治理的良性循环。其次，从公司内部人自身声誉考虑，投资者的网络关注会对公司的经理、大股东侵占小股东利益的行为有所约束，此时公司中小股东通过参与股东大会投票阻止公司通过各种有损其利益决议的概率会有所提高，有助于增强中小股东投票的积极性。再次，从中小股东的治理需求角度来看，关注度的提高使得中小股东的信息不对称程度得以减弱，在涉及自身利益的公司决议时，中小股东有强烈的动机进行自我维护，并且行为趋于理性。最后，从客观条件来看，互联网及其终端日趋普及的环境使得中小股东获取信息并进行网络投票表决的边际成本近乎为零，大大降低了传统观念中"冷漠的"中小股东极少参加股东大会并放弃投票权的治理成本，从而使得其积极参与投票。由此，网络关注度越高，越有利于中小股东"用手投票"，积极参与公司治理，以维护自身利益。故本研究提出如下假设：

假设 1：在公司治理中，网络关注程度增加会显著增加中小股东"用手投票"行为，积极参与公司治理。

4.2.2 网络关注对"用脚投票"治理行为的影响

网络关注对于中小股东"用脚投票"的影响，可以从前景理论进行分析。前景理论认为，当一个人面临确定的损失和"赌一把"的抉择时，多数人会选择"赌一把"，因为此时的抉择会产生反射效应，从而激起当事人的冒险精神。在公司治理问题中，中小股东处于被利益侵占的一方，当面对委托代理问题中确定的损失时，其往往也会选择"赌一把"，因此，其"用脚投票"的治理行为会有所增加。

许多学者还研究了投资者关注对股票交易量的影响。张继德（2014）认为普通投资者关注会因为注意力驱动交易行动和过度交易两种机制影响股票市场流动性。前者基于心理学理论，认为由于普通投资者对某一股票信息的聚焦，使得其在股票市场上进行频繁买卖。后者则是基于行为财务学理论，认为中国普通投资者过度自信程度相对较高，往往对信息做出非理性反应从而导致较高的成交量。在上述两种机制的作用下，无论是价值投资者还是投机交易者[①]，网络关注对其"用脚投票"治理行为的影响都会表现出积极作用。对于价值投资者而言，当其对公司关注程度越高，会对公司信息了解越全面、及时。此时一旦获知公司内部人可能通过关联交易、占用资金、转移资产等方式存在侵占中小股东利益的动机或行为，此类以价值投资为理念的中小股东会对公司做出不具有投资价值的预期，由此可能触发其采取一走了之的"用脚投票"行为；对于投机交易者而言，他们对于关注的公司信息会更多偏向于公司短期股价走势以及其他投资者的交易行为。在"羊群效应"的作用下，当公司因为内部人的不当侵占行为而使得公司业绩下滑时，以投机交易为理念的中小股东很容易因为公司股价下跌而跟随其他投资者做出卖盘决策。因此，本研究提出如下假设：

假设2：在公司治理中，公司的网络关注度越高，会显著增加中小股东"用脚投票"的治理行为，以维护自身利益。

---

① 根据谢世飞（2015）的界定，价值投资者主要是指以股票内在价值的高低作为其投资决策依据的投资者，看重公司的现金分红收益和价值成长收益。投机交易者主要是以股价的短期走势、市场人气和其他投资者心理为决策依据的投资者，具有较强的投机动机。

4.2.3　网络关注对中小股东治理行为偏好的影响

公司网络关注程度的上升，虽然会增加中小股东"用手投票"或"用脚投票"治理行为的绝对数量，但关注度的变化对二者产生的相对影响可能存在不同，从而使得中小股东在特定关注度下对两种治理行为的相对偏好产生变化。事实上，中小股东在面对公司治理问题时，会面临着"用手投票"还是"用脚投票"的决策问题，而影响该决策的主要因素是治理行为的收益和成本。从成本角度来看，现有互联网及其网络终端的普及程度使得其通过网络方式"用手投票"的边际成本基本为零，与"用脚投票"的成本相差无几。但是，从收益上来看，若公司的网络关注程度提高，信息越趋于对称，则越容易做出理性判断。此外，受到更多关注的公司其内部人侵占中小股东利益受到的监督约束较大，"用手投票"的方式更加有助于中小股东在股东大会表决中阻止可能侵占其利益的决议获得通过。因此，"用手投票"的治理行为有更大可能为中小股东挽回更多损失，甚至获得更多利益。但是，相对而言，"用脚投票"的治理行为却只能使得中小股东以止损方式匆匆收场，并丧失任何因为参与治理而获得的收益，即存在较高的机会成本。因此，虽然关注度的提高会增加"用手投票"和"用脚投票"治理行为的绝对数量，但由于中小股东存在异质性，其专业知识、投资经验和有限理性程度均存在差异，中小股东会因为网络关注度的提升而提高其理性程度，进而对"用手投票"产生相对较高的偏好。相反，当公司的网络关注程度下降，其对公司形成的外部监督作用也被削弱，中小股东难以与公司内部人形成有效抗衡，公司业绩也很可能因为大股东的"掏空"行为而有所下滑，此时中小股东通过"用手投票"发声来挽回损失的难度较大，因此，更多中小股东会对"用脚投票"的治理行为产生相对较高的偏好。据此，本研究提出如下假设：

假设3：公司的网络关注程度越高，中小股东"用手投票"治理行为的偏好会相对高于"用脚投票"治理行为。公司的网络关注程度越低，中小股东"用脚投票"治理行为的偏好会高于"用手投票"的治理行为。

4.3　研　究　设　计

4.3.1　样本选择与数据来源

由于本研究主要考察在全流通以及互联网环境下，网络关注对中小股东治理行为的影响，故所选样本区间为 2009～2015 年。在这一期间，国内上市公司均已完成股权分置改革，互联网及移动互联网环境也已得到长足的发展，互联网上网人数从 2009 年的 3.84 亿人猛增至 2015 年的 6.88 亿人①，网络已成为投资者获取公司信息不可或缺的媒介，因而可以为本研究提供较为符合条件的理想样本。本研究的样本公司为 2009 年以前在沪深股市上市的 1591 家 A 股上市公司，剔除了 ST 上市公司以及部分缺失样本后，最终得到 9361 个样本观测值。

本研究所使用数据主要来自国泰安数据库和和讯网数据频道。其中，体现中小股东"用脚投票"治理行为的卖出交易数据主要来自国泰安大笔交易数据库，体现中小股东"用手投票"治理行为的股东大会出席情况数据来自国泰安治理结构数据库，网络关注的数据来自和讯网的数据频道②，其他公司治理、公司财务指标和公司特征的数据分别来自国泰安机构投资者、股东、股权性质以及财务报表数据库等。

4.3.2　变量定义

为了检验网络关注对中小股东公司治理行为的影响，本研究考察的因变量主要是中小股东最常用的两种公司治理方式，即"用手投票"和"用脚

---

① 数据来源：《中国统计年鉴》（2016）中"互联网主要指标发展情况"。
② 和讯网（http://www.hexun.com/）是国内影响力较大的专业财经网站，其数据频道也是目前国内最大、最权威、最专业和最受投资者喜爱的专业数据频道，因而具有较强的权威性和真实性。

投票"，主要的自变量是投资者网络关注度。结合相关文献，我们认为投资者网络关注度、公司治理水平和一些公司特征变量都会影响中小股东公司治理参与方式，故本研究所使用的变量如下：

（1）"用手投票"参与程度。根据邢天才、宗计川（2009）对股东投票出席行为的研究，本研究用中小股东出席股东大会人数的相对比例作为代理变量，构建了衡量中小股东用手投票参与程度的指标 $Vote_{i,t}$①：

$$Vote_{i,t} = \frac{Votew_{i,t} - Votex_{i,t}}{1000 \times (1 + Votex_{i,t})} \tag{4.1}$$

其中：$Votew_{i,t}$为网络投票股东大会出席股东人数（包括中小股东和大股东）的平均数，$Votex_{i,t}$为非网络投票股东大会出席股东人数（主要为大股东）的平均数，二者差额主要为中小股东出席股东大会的人数②。由于 $Votex_{i,t}$在部分年份存在等于 0 的情况，故本研究在其基础上加 1，并不会对衡量大股东出席股东大会人数造成太大影响。

本研究构建该指标原因有三：其一，从实际参会股东的数据来看，用网络投票方式召开的股东大会参与人数均显著多于非网络投票方式召开的股东大会参与人数。与此同时，从理论上分析，绝大多数中小股东通过现场投票或委托董事会投票参与股东大会的方式由于表决成本较高，其参与程度极低，基本体现不出中小股东的表决意愿。而随着互联网及移动终端的逐渐普及，他们可以通过成本更低的网络投票方式参与公司治理，表达其利益诉求。因此，本研究有理由相信出席网络投票股东大会的股东既有中小股东也有大股东，而非网络投票股东大会的股东主要以大股东为主，二者差额主要为中小股东出席股东大会的人数。其二，有研究表明，使用网络投票方式召开的股东大会决议一定程度上可反映出中小股东对于公司决策的态度，这进

---

① 由于 $Votex_{i,t}$在部分年份存在等于 0 的情况，故本研究在其基础上加 1，并不会对衡量大股东出席股东大会人数造成太大影响；另外，由于出席股东大会的中小股东与大股东人数可能存在较大悬殊，故本研究对中小股东人数除以 1000，以减少数量级影响，但并不影响指标的经济含义。

② 国泰安数据库将股东大会召开方式分为现场投票、网络投票、委托董事会投票、"现场 + 网络"投票、"现场 + 网络 + 委托董事会"投票等多种类型或组合方式。本研究经过数据分析发现，绝大多数股东大会都采用现场投票或"现场 + 网络"投票。故为了叙述方便，本研究将可用网络投票方式召开的股东大会都称为"网络投票股东大会"，将不可用网络投票方式召开的股东大会称为"非网络投票股东大会"。

一步印证了中小股东倾向于参加网络投票方式召开的股东大会的观点。其三，从数据可得性来看，有关中小股东进行网络投票的直接数据并未公开，现有少数研究主要依据 2005～2009 年的网络投票数据进行了探讨，对于 2009 年以后的网络投票数据并不可得。因此，以上多个因素均表明，在既有条件下，本研究使用各类股东大会出席人数的相对比例衡量中小股东"用手投票"的参与程度是可靠的。

（2）"用脚投票"参与情况。由于学者们大多认为投资者卖出股票可能会通过股价下跌约束公司内部人行为，因此，对于中小股东"用脚投票"治理行为，本研究通过中小股东的卖出交易比重进行衡量，即：

$$Sell_{i,t} = 1 - Ltonva_{i,t} \qquad (4.2)$$

其中：$Ltonva_{i,t}$ 为大笔交易日卖出累计成交金额占交易日卖出总成交金额所占比重，本研究对其取了均值处理，代表的往往是机构投资者或持股比例较高的投资者当年卖盘平均成交金额所占比重，因此 $Sell_{i,t}$ 即为中小股东当年卖盘平均成交金额所占比重。用该指标衡量中小股东"用脚投票"的原因在于，对于以社会公众股东为主体构成的中小股东而言，其最大的特征在于个体持股比例较低，单笔成交量（金额）较低，而卖盘行为使得中小股东持股数额进一步减少甚至不再成为公司股东，最终通过股价下跌的市场表现向公司施压，因而可以直接体现中小股东"用脚投票"的治理行为。

（3）治理行为倾向是中小股东在对待"用手投票"和"用脚投票"两种治理行为时表现出的一种相对态度。本研究使用了前述"用手投票"参与程度和"用脚投票"交易比重的相对比值予以衡量，即：

$$Vts_{i,t} = \frac{Vote_{i,t}}{Sell_{i,t}} \qquad (4.3)$$

该指标增加时，反映出中小股东对"用手投票"治理行为的倾向强于"用脚投票"；指标下降时，说明中小股东"用脚投票"治理行为的倾向强于"用手投票"。

（4）投资者网络关注度。投资者关注度的度量在实证研究中曾经遭遇了很大的挑战，因为绝大多数的学者只是使用了间接的代理变量，而非直接指标，如巴伯和奥戴恩（2008）使用超额收益、交易量或新闻标题，西肖斯和吴（2007）使用涨跌停板。这些变量隐含了一个关键假设，即如果一只股票的收益、成交量异常或被新闻媒体报道，投资者们就会关注到这只股票。然而，股票的收益或成交量常常会受到投资者关注以外因素的干扰，新闻报道也并不能保证投资者真正关注到它，除非投资者真的看到了该报道。但随着互联网环境的日趋成熟，近年来开始有学者通过网络搜索指数对投资者关注度予以衡量。本研究延续这一方法，通过 Python 技术获取了和讯网数据频道的个股关注度数据，并以此度量中小股东对各家上市公司的关注程度。该指标基于和讯网用户对和讯网所披露公司的新闻报道和评论的浏览、搜索行为生成，可以直接反映投资者对于上市公司信息的关注程度及变化。需要指出的是，虽然达等（2011）使用谷歌搜索量作为投资者关注的度量指标，孔东民等（2013）将百度指数搜索量作为投资者信息搜索量，但不排除这类综合性网站用户存在许多投资以外目的的搜索行为，存在相当比例的非投资者的信息搜索"噪声"，会对真实的投资者关注度的度量产生较大干扰。相对而言，和讯网是专业的财经类网站，其用户也集中在以改善投资决策为明确目的的投资者，因此，其数据频道的个股关注度更能有效、谨慎地反映出市场上投资者对公司经营信息的关注程度。即：

$$Att_{it} = Ln(Index_{it}) \qquad (4.4)$$

其中，$Index_{i,t}$ 为各期个股关注度指数，$Att_{i,t}$ 为一般关注度。

（5）公司治理变量。参照已有文献，中小股东进行公司治理的方式还会受到公司治理因素的影响，因此，本研究还加入了其他公司治理变量。其中，内部治理变量主要有：股权集中度、两权分离度、独立董事人数、董事长和总经理兼任情况；外部治理变量主要为机构投资者持股比例。

（6）公司特征变量。为了防止其他变量可能会对被解释变量产生影响而对本研究主变量的探讨产生干扰，本研究遵循公司治理学研究的习惯，加入了公司财务指标和其他特征变量作为控制变量，包括公司权益净利率、利息保障倍数、销售收入增长率、资产规模、股东规模、流通股比例、是否国有企业以及年度、行业虚拟变量等。

所有变量的具体说明如表 4 - 1 所示。

表 4 – 1　　　　　　　　　　　　主要变量定义及说明

符号	变量名称	变量定义
Vote	"用手投票"参与程度	网络投票与非网络投票股东大会参会人数之差与非网络投票股东大会人数的比值
Sell	"用脚投票"交易比重	大笔交易以外的卖出成交金额占卖出总成交额的比重
Vts	治理行为倾向	"用手投票"相对于"用脚投票"治理行为的偏好
Att	一般关注度	个股关注度的自然对数
Dual	董事长与总经理兼任状况	董事长和总经理存在兼任时取 1，否则取 0
Outd	独董数量	对独董数量取自然对数，衡量公司内部监督水平
Herf	前十大股东持股指数	前十大股东持股比例平方和，衡量公司股权集中度
Inst	机构投资者持股比例	公司各类机构投资者持股比例总和
Separation	两权分离度	实际控制人拥有上市公司控制权与所有权之差
ROE	净资产收益率	净资产收益率 = 净利润/所有者权益，反映股东的获利能力
Tie	利息保障倍数	利息保障倍数 = 息税前利润/利息，反映公司偿债能力
Soe	是否国有控股	国有控股单位取 1，非国有控股单位取 0
Growth	销售收入增长率	衡量公司的成长性
Asset	资产规模	公司总资产账面价值的自然对数
Sn	股东规模	公司股东人数的自然对数
Outshares	流通股比重	流通股占总股本的比重
Industry	行业变量	12 个行业哑变量*
Year	年度变量	6 个年度哑变量

注：* 本研究根据《中国证监会上市公司行业分类指引》（2012）对样本公司进行了分类，并把部分样本数较少的公司行业进行了合并作为其他行业，合并后得到 12 个行业哑变量。

4.3.3　模型设定

为了分析网络关注对中小股东"用手投票"治理行为的影响，即检验假设 1，本研究构建了模型（4.5），并根据 Hausman 检验结果使用固定效应进行检验。

$$\text{Vote}_{i,t} = \alpha + \beta_1 \text{Att}_{i,t-1} + \beta_2 \text{Herf}_{i,t-1} + \beta_3 \text{Inst}_{i,t-1} + \beta_4 \text{Seperation}_{i,t-1}$$
$$+ \beta_5 \text{Outd}_{i,t-1} + \beta_6 \text{Dual}_{i,t-1} + \beta_7 \text{Tie}_{i,t-1} + \beta_8 \text{ROE}_{i,t-1}$$
$$+ \beta_9 \text{Growth}_{i,t-1} + \beta_{10} \text{Asset}_{i,t-1} + \beta_{11} \text{Sn}_{i,t-1} + \beta_{12} \text{Outshares}_{i,t-1}$$
$$+ \beta_{13} \text{Soe}_{i,t} + \sum \text{Industry} + \sum \text{Year} + \varepsilon_{i,t} \qquad (4.5)$$

其中，$\text{Vote}_{i,t}$为中小股东"用手投票"进行治理的参与程度，$\text{Att}_{i,t}$为网络关注度，其余都是控制变量，除了股权性质、行业和年度虚拟变量以外，均使用了滞后一期。

当本研究分析网络关注对中小股东"用脚投票"治理行为和治理行为倾向的影响，即检验假设 2 和假设 3 时，将模型（4.5）中的因变量分别换成$\text{Sell}_{i,t}$和$\text{Vts}_{i,t}$，其余保持一致。同样根据 Hausman 检验结果，使用固定效应进行回归。

4.4 实 证 检 验

4.4.1 描述性统计

为去除极端值对结果的影响，本研究对部分变量进行了上下 1% 的缩尾处理，所有变量的描述性统计如表 4 - 2 所示。

表 4 - 2　　　　　　　　　　　变量描述性统计

变量	观测值	均值	标准差	最小值	最大值
Vote	9361	0.017	0.043	-0.001	0.304
Sell	9344	0.894	0.050	0.238	0.982
Vts	9344	0.019	0.051	-0.004	0.902
Att	9361	7.648	0.805	4.844	10.62

续表

变量	观测值	均值	标准差	最小值	最大值
Herf	9361	0.166	0.124	0.012	0.577
Inst	9361	7.185	10.45	0.040	86.31
Seperation	8805	6.006	8.309	0	45.49
Outd	9334	1.184	0.207	0	2.079
Dual	9219	0.161	0.368	0	1
Lever	9361	0.515	0.203	0.079	0.941
ROE	9361	0.064	0.127	−0.644	0.354
Growth	9354	0.183	0.566	−0.588	4.124
Asset	9361	22.35	1.524	14.94	30.73
Sn	8885	10.70	0.871	8.236	14.18
Outshares	9361	0.846	0.223	0.025	1
Soe	9361	0.591	0.492	0	1

从表4-2中可以看到，"用手投票"治理行为的指标 Vote 均值为 0.017，反映出中小股东总体上在网络投票股东大会中有一定的参与程度，并且最大值达到了 0.304。事实上，根据各年数据来看，中小股东"用手投票"的参与程度总体上呈逐年上升的趋势①。而中小股东的"用脚投票"治理行为参与程度较高，均值达到 0.894，且波动幅度较小，基本稳定在这一水平。此外，平均来看，投资者对公司的网络关注度取自然对数后为 7.648，最小的关注程度都达到 4.844，说明各家公司的网络信息受到社会公众股东关注已是普遍现象，只是不同公司、年份的投资者关注程度存在差异。

4.4.2　回归结果分析

（1）网络关注度对中小股东"用手投票"的影响分析

为检验本章假设1，探讨网络关注度对中小股东"用手投票"治理行为

---

① 因为篇幅有限，此处未做报告。

的影响，本研究对模型（4.5）进行了固定效应回归分析，所有检验结果如
表4-3所示。

表4-3 　　　　　网络关注与"用手投票"治理行为的回归结果

变量	被解释变量：Vote			
	（1）	（2）	（3）	（4）
Att	0.004 *** (2.96)	0.002 * (1.65)	0.005 *** (3.39)	0.004 ** (2.55)
Herf		-0.034 ** (-2.20)		-0.045 *** (-2.75)
Inst		-0.000 (-1.25)		-0.000 * (-1.68)
Seperation		-0.000 (-0.38)		-0.000 (-0.34)
Outd		0.005 (0.95)		0.005 (0.84)
Dual		-0.000 (-0.11)		0.000 (0.10)
Lever			0.006 (0.83)	0.007 (0.92)
ROE			0.010 (1.47)	0.010 (1.35)
Growth			-0.001 (-0.99)	-0.001 (-0.91)
Asset			-0.003 (-1.58)	-0.003 (-1.28)
Sn			-0.001 (-0.39)	-0.004 * (-1.72)
Outshares			-0.002 (-0.52)	-0.004 (-1.10)

续表

变量	被解释变量：Vote			
	（1）	（2）	（3）	（4）
Soe			−0.011** （−2.17）	−0.011** （−1.99）
Industry	Yes	Yes	Yes	Yes
Year	Yes	Yes	Yes	Yes
Constant	0.014 （0.66）	0.022 （0.82）	0.056 （1.10）	0.091 （1.63）
Observations	7285	6698	6930	6387
R−squared	0.129	0.123	0.121	0.116
Number of code	1538	1497	1485	1445

注：本表为网络关注度与中小股东"用手投票"治理行为的回归结果，括号内为 t 值，"***"、"**"和"*"分别表示估计系数在 1%、5% 和 10% 显著性水平下显著。其中，模型（1）仅加入了行业和年度作为控制变量；模型（2）在模型（1）的基础上加入了公司治理变量作为控制变量；模型（3）则在模型（1）的基础上加入了公司特征变量作为控制变量；模型（4）中则加入了所有解释变量。

　　根据表 4−3 中 4 个模型的回归结果，我们发现，无论如何加入控制变量，网络关注度越高，中小股东"用手投票"的参与程度越高，二者之间均存在显著的正相关关系，这一结果直接验证了本研究提出的假设 1。

　　此外，从表 4−3 中还可以看出，股权集中度对"用手投票"行为存在负影响，并在 5% 的水平上显著。这说明公司治理环境也对中小股东的"用手投票"行为产生显著影响。这可能是因为，在股权集中度较高的公司，大股东的利益侵占较为严重，削弱了公司的内部治理效率，增大了中小股东积极参与公司治理的成本，由此会抑制中小股东的"用手投票"行为。

　　（2）网络关注度对中小股东"用脚投票"的影响分析

　　接下来，我们对假设 2 进行验证，即网络关注对其"用脚投票"治理行为的影响，并对模型（4.5）进行回归分析，所有回归结果如表 4−4 所示。

表 4 - 4 网络关注与"用脚投票"治理行为的回归结果

变量	被解释变量：Sell			
	（1）	（2）	（3）	（4）
Att	0.008 *** (6.14)	0.008 *** (6.20)	0.005 *** (3.70)	0.005 *** (3.72)
Inst		0.000 (0.60)		0.000 (1.18)
Herf		0.036 ** (2.28)		0.032 * (1.93)
Seperation		0.000 (0.76)		0.000 (0.91)
Outd		0.004 (0.71)		0.002 (0.39)
Dual		0.005 ** (2.20)		0.007 *** (2.70)
Lever			-0.011 (-1.38)	-0.010 (-1.22)
ROE			0.024 *** (3.48)	0.023 *** (3.17)
Growth			-0.001 (-0.97)	-0.001 (-0.80)
Asset			0.003 (1.34)	0.003 (1.05)
Sn			0.005 ** (2.48)	0.007 *** (2.98)
Outshares			0.003 (0.73)	0.003 (0.83)
Soe			-0.001 (-0.20)	-0.002 (-0.42)
Industry	Yes	Yes	Yes	Yes

续表

变量	被解释变量：Sell			
	（1）	（2）	（3）	（4）
Year	Yes	Yes	Yes	Yes
Constant	0.846 *** (40.25)	0.837 *** (30.07)	0.733 *** (14.02)	0.716 *** (12.35)
Observations	7270	6684	6916	6374
R - squared	0.068	0.072	0.075	0.079
Number of code	1537	1496	1484	1444

注：本表为网络关注度与中小股东"用脚投票"治理行为的回归结果，括号内为 t 值，"***"、"**"和"*"分别表示估计系数在 1% 、5% 和 10% 显著性水平下显著。其中，模型（1）仅加入了行业和年度作为控制变量；模型（2）在模型（1）的基础上加入了公司治理变量作为控制变量；模型（3）则在模型（1）的基础上加入了公司特征变量作为控制变量；模型（4）中则加入了所有解释变量。

从表 4 - 4 的回归结果来看，四个模型中网络关注度都对中小股东"用脚投票"的治理方式产生了显著的正向影响，并且均在 1% 的水平下显著。因此，我们认为，表 4 - 4 的回归结果可以验证本研究提出的假设 2，即投资者网络关注程度对中小股东"用脚投票"的治理行为有促进作用。

此外，从表 4 - 4 中还可以看出，股权集中度对"用脚投票"行为存在正影响，并在 10% 的水平上显著。这说明公司治理环境也对中小股东的"用脚投票"行为产生显著影响。这可能是因为，在股权集中度较高的公司，大股东的利益侵占较为严重，削弱了公司的内部治理效率，市场可能给这类公司的内部人利益侵占行为做出负面评价，由此会刺激中小股东的"用脚投票"行为。

（3）网络关注对中小股东两种治理行为偏好的影响

虽然网络关注度的提高有助于增加中小股东各种治理行为，但面对二者决策时，依然可能存在一定的相对偏好问题。因此，本研究进一步检验随着网络关注度的变化，中小股东对"用手投票"和"用脚投票"的治理行为决策是否会呈现出某种倾向。本研究对模型（4.5）进行回归，所有回归结果如表 4 - 5 所示。

表4－5　　　　　　　　网络关注对中小股东两种治理行为偏好的相对影响

变量	被解释变量：Vts			
	（1）	（2）	（3）	（4）
Att	0.004 *** （2.98）	0.003 * （1.67）	0.006 *** （3.48）	0.005 *** （2.66）
Inst		-0.000 （-0.99）		-0.000 （-1.47）
Herf		-0.042 ** （-2.32）		-0.056 *** （-2.89）
Seperation		-0.000 （-0.34）		-0.000 （-0.29）
Outd		0.005 （0.69）		0.004 （0.59）
Dual		-0.001 （-0.26）		-0.000 （-0.07）
Lever			0.008 （0.85）	0.009 （0.93）
ROE			0.010 （1.22）	0.009 （1.07）
Growth			-0.001 （-1.03）	-0.001 （-0.91）
Asset			-0.004 （-1.51）	-0.004 （-1.29）
Sn			-0.001 （-0.49）	-0.005 * （-1.75）
Outshares			-0.004 （-0.87）	-0.007 （-1.53）
Soe			-0.013 ** （-2.14）	-0.012 * （-1.79）
Industry	Yes	Yes	Yes	Yes

续表

变量	被解释变量：Vts			
	（1）	（2）	（3）	（4）
Year	Yes	Yes	Yes	Yes
Constant	0.015 (0.61)	0.028 (0.86)	0.066 (1.08)	0.113* (1.68)
Observations	7270	6684	6916	6374
R－squared	0.125	0.119	0.117	0.112
Number of code	1537	1496	1484	1444

注：本表为网络关注度与中小股东治理行为相对偏好的回归结果，括号内为 t 值，"***"、"**"和"*"分别表示估计系数在1%、5%和10%显著性水平下显著。其中，模型（1）仅加入了行业和年度作为控制变量；模型（2）在模型（1）的基础上加入了公司治理变量作为控制变量；模型（3）则在模型（1）的基础上加入了公司特征变量作为控制变量；模型（4）中则加入了所有解释变量。

从表4－5的回归结果来看，无论是否加入控制变量，网络关注程度都与治理行为倾向比值正相关，且大多在1%水平显著。这表明，网络关注程度增加时，中小股东呈现出对"用手投票"治理行为较大的倾向，而当网络关注程度下降时，呈现出"用脚投票"治理行为较大的倾向，本研究的假设3得到了验证。

（4）稳健性检验

为了保证结论的稳健性，本研究对上述检验结果进行了一些稳健性检验。

①本研究通过取对数的方法，重新构建了衡量中小股东"用手投票"的相对参与程度①的指标 $Vote2_{i,t}$，即：

$$Vote2_{i,t} = \ln(1 + Votew_{i,t}) - \ln(1 + Votex_{i,t}) \qquad (4.6)$$

其中，$Votew_{i,t}$ 为网络投票股东大会出席人数的平均数，$Votex_{i,t}$ 为非网络投票股东大会出席人数的平均数，$Vote2_{i,t}$ 为二者取对数后的差额，表示中小股东出席股东大会的人数，并以此衡量中小股东"用手投票"的参与程度。

――――――――――

① 由于部分公司当年没有召开可网络投票的股东大会或非网络投票的股东大会，即部分年份对应的出席人数为0，因此本研究对各出席人数变量进行了加1再取自然对数的处理。

此外，本研究还使用除大笔交易以外的卖出成交量所占比重衡量中小股东"用脚投票"参与程度：

$$Sell2_{i,t} = 1 - Ltonum_{i,t} \tag{4.7}$$

其中，$Ltonum_{i,t}$ 为大笔交易日卖出累计成交量占交易日卖出总成交量所占比重，因此，$Sell2_{i,t}$ 为用成交量计算的反映出中小股东"用脚投票"的参与程度。

本研究将 $Vote2_{i,t}$ 和 $Sell2_{i,t}$ 分别代替 $Vote_{i,t}$ 和 $Sell_{i,t}$，用上述各模型进行回归，结果如表 4 - 6、表 4 - 7 和表 4 - 8 所示。

表 4 - 6   网络关注对中小股东"用手投票"的治理行为影响

变量	被解释变量：Vote2			
	（1）	（2）	（3）	（4）
Att	0.020 (0.32)	- 0.021 (- 0.31)	0.180 *** (2.60)	0.140 * (1.92)
Lever			1.778 *** (4.63)	1.949 *** (4.85)
ROE			0.749 ** (2.15)	0.608 * (1.66)
Growth			0.021 (0.39)	0.002 (0.04)
Asset			- 0.879 *** (- 7.94)	- 0.882 *** (- 7.36)
Sn			- 0.210 ** (- 2.11)	- 0.230 ** (- 2.10)
Outshares			- 0.218 (- 1.20)	- 0.205 (- 1.06)
Soe			- 0.861 *** (- 3.45)	- 0.664 ** (- 2.41)

续表

变量	被解释变量：Vote2			
	（1）	（2）	（3）	（4）
Herf		−0.021 （−0.03）		0.333 （0.40）
Inst		−0.006 （−0.88）		−0.008 （−0.99）
Seperation		0.020 ** （2.20）		0.018 ** （2.02）
Outd		−0.152 （−0.52）		−0.002 （−0.01）
Dual		0.040 （0.32）		0.018 （0.15）
Industry	Yes	Yes	Yes	Yes
Year	Yes	Yes	Yes	Yes
Constant	2.867 *** （2.73）	2.278 * （1.65）	19.885 *** （7.70）	19.379 *** （6.78）
Observations	7285	6698	6930	6387
R − squared	0.352	0.345	0.354	0.347
Number of code	1538	1497	1485	1445

注：表中括号内为 t 值，"***"、"**"和"*"分别表示估计系数在1%、5%和10%显著性水平下显著。

表4−7　网络关注对中小股东"用脚投票"治理行为的影响

变量	被解释变量：Sell2			
	（1）	（2）	（3）	（4）
Att	0.008 *** （6.17）	0.008 *** （6.23）	0.005 *** （3.70）	0.005 *** （3.72）
Lever			−0.011 （−1.39）	−0.010 （−1.23）

续表

变量	被解释变量：Sell2			
	（1）	（2）	（3）	（4）
ROE			0.024 *** （3.48）	0.023 *** （3.18）
Growth			− 0.001 （ − 0.95）	− 0.001 （ − 0.79）
Asset			0.003 （1.37）	0.003 （1.09）
Sn			0.005 ** （2.53）	0.007 *** （3.03）
Outshares			0.003 （0.73）	0.003 （0.84）
Soe			− 0.001 （ − 0.19）	− 0.002 （ − 0.43）
Inst		0.000 （0.52）		0.000 （1.12）
Herf		0.036 ** （2.29）		0.032 * （1.94）
Seperation		0.000 （0.74）		0.000 （0.89）
Outd		0.004 （0.70）		0.002 （0.38）
Dual		0.005 ** （2.22）		0.007 *** （2.71）
Industry	Yes	Yes	Yes	Yes
Year	Yes	Yes	Yes	Yes
Constant	0.846 *** （40.28）	0.837 *** （30.11）	0.730 *** （13.99）	0.713 *** （12.32）
Observations	7270	6684	6916	6374
R − squared	0.067	0.071	0.074	0.078
Number of code	1537	1496	1484	1444

注：表中括号内为 t 值，" *** "、" ** "和 " * "分别表示估计系数在1%、5%和10% 显著性水平下显著。

表 4 - 8　　　　　　　　网络关注对中小股东治理行为偏好的影响

变量	被解释变量：Vts2			
	(1)	(2)	(3)	(4)
Att	0.031 (0.43)	-0.022 (-0.29)	0.215 *** (2.72)	0.164 ** (1.97)
Lever			2.005 *** (4.56)	2.200 *** (4.79)
ROE			0.835 ** (2.10)	0.667 (1.59)
Growth			0.018 (0.29)	-0.001 (-0.01)
Asset			-0.998 *** (-7.83)	-1.009 *** (-7.32)
Sn			-0.247 ** (-2.17)	-0.266 ** (-2.13)
Outshares			-0.287 (-1.39)	-0.289 (-1.31)
Soe			-0.981 *** (-3.44)	-0.725 ** (-2.31)
Inst		-0.006 (-0.71)		-0.008 (-0.88)
Herf		-0.230 (-0.26)		0.181 (0.19)
Seperation		0.023 ** (2.22)		0.021 ** (2.08)
Outd		-0.281 (-0.85)		-0.099 (-0.30)
Dual		0.038 (0.27)		0.010 (0.07)
Industry	Yes	Yes	Yes	Yes

续表

变量	被解释变量：Vts2			
	（1）	（2）	（3）	（4）
Year	Yes	Yes	Yes	Yes
Constant	3. 151 *** （2. 63）	2. 714 * （1. 72）	22. 566 *** （7. 62）	22. 359 *** （6. 81）
Observations	7270	6684	6916	6374
R – squared	0. 348	0. 341	0. 351	0. 343
Number of code	1537	1496	1484	1444

注：表中括号内为 t 值，"***"、"**"和"*"分别表示估计系数在 1%、5% 和 10% 显著性水平下显著。

表 4 - 6、表 4 - 7 以及表 4 - 8 的结果表明：网络关注对中小股东治理行为及其偏好的影响，除了少数方程可能由于遗漏变量使得关键变量的结果不显著以外，其余绝大多数都在 1% 或 5% 的水平上显著为正。这同样可以说明，网络关注会促进中小股东"用手投票"和"用脚投票"的治理行为；此外，中小股东"用手投票"的相对偏好会随着网络关注度的变化而呈现同方向的变化。因此，本研究假设 1 至假设 3 均再次得到了验证，体现出了本研究结论的稳健性。

②由于经济理论认为，个体的当前行为可能还取决于其过去的行为，故本研究进一步构建动态面板回归模型，并使用系统 GMM 对上述假设 1、假设 2、假设 3 进行检验（见表 4 - 9）。

表 4 - 9　　　　　　　　　网络关注对中小股东治理行为的影响

变量	Vote	Sell	Vts
	（1）	（2）	（3）
L. Vote	0. 095 *** （2. 70）		
L. Sell		0. 124 *** （3. 97）	

续表

变量	Vote	Sell	Vts
	（1）	（2）	（3）
L. Vts			0.088 *** （2.62）
Att	0.010 *** （5.81）	0.026 *** （4.70）	0.011 *** （5.72）
Convar	Yes	Yes	Yes
Constant	0.067 （0.72）	0.637 *** （5.16）	0.098 （0.92）
Observations	6382	6368	6363
Number of code	1446	1444	1445

注：表中括号内为 t 值，"＊＊＊"、"＊＊"和"＊"分别表示估计系数在 1%、5% 和 10% 显著性水平下显著。Convar 为所有控制变量。

结果表明，网络关注与中小股东"用手投票"、"用脚投票"以及二者的相对倾向均显著正相关。本研究进一步对上述系统 GMM 扰动项进行自相关检验，结果显示：当用 Att 对 Vote 进行回归时，扰动项差分不存在一阶和二阶自相关，P 值分别为 0.2113 和 0.1227，故接受"扰动项无自相关"的原假设，即可以进行系统 GMM 估计；用 Att 对 Sell 进行回归时，扰动项差分存在一阶自相关，但不存在二阶自相关，P 值为 0.1721，接受原假设，可以使用系统 GMM。用 Att 对 Vts 进行回归时，自相关检验的 P 值分别为 0.1756、0.1176，即扰动项差分均不存在一阶或二阶自相关，可以进行系统 GMM 进行估计。

最后，上述系统 GMM 均使用了 45 个工具变量，故本研究继续对其进行过度识别检验，P 值分别为 0.5968、0.5979、0.2198，3 个回归结果均表明可接受"所有工具变量都有效"的原假设。因此，假设 1、假设 2、假设 3 的结论再次得到验证，具有稳健性。

综上，无论是对主要变量进行替换，还是对模型进行改变，本研究的所有假设均得到了验证，检验结果具有较强的稳健性。

（5）实证检验的结果与分析

基于上述研究，本章得到如下实证结果：

①中小股东的"用手投票"和"用脚投票"行为，都与网络关注程度显著正相关。

②网络关注程度会影响中小股东治理行为的相对偏好，即随着网络关注程度增加，中小股东对"用手投票"相对于"用脚投票"的偏好程度逐渐上升，反之，则中小股东对"用脚投票"相对于"用手投票"的偏好程度逐渐上升。

上述两个结果表明，互联网日益普及的新环境极大地降低了中小股东的监督成本和治理成本，使得其通过各种方式参与公司治理的程度有所上升，冷漠程度不断下降。并且，随着网络关注程度的提升，信息不对称程度的减弱，中小股东在将来可能越来越倾向于采用积极的方式（用手投票）进行发声、参与治理。这说明中小股东已不再满足于做一个"冷漠的搭便车者"，并逐渐转变为一个新的治理主体。

第 5 章

中小股东治理行为对其利益的影响

5.1 问题的提出

前文主要探讨了网络关注对中小股东治理行为的影响。实证检验表明，互联网环境下，网络关注程度对中小股东治理行为存在显著的促进作用；此外，随着网络关注程度的提高，"用手投票"的治理行为倾向不断增强。显然，在互联网日趋发展的环境下，投资者的网络关注对中小股东的治理行为有着显著的推动作用，使得中小股东这一治理主体逐渐引起各利益相关者的重视。

既然在互联网环境下，中小股东可以通过各种方式更多地进行公司治理，那么，这些治理行为究竟是否能够降低代理成本，减轻其自身的利益受损程度？延续本书第4章的探讨，本章拟对此问题进行回答。因此，从研究逻辑上来看，本章是在第4章的基础上，进一步揭示中小股东的治理行为对公司代理成本的影响，以从减少利益受损的角度回答"治理行为是否能够保护其利益"的问题。

5.2 理论分析与研究假设

詹森和麦考林（Jensen & Meckling，1976）认为，在股权结构高度分散条件下，所有权和经营权的分离产生了股东与管理层间的第一类代理问题。而施莱弗和维什尼（1997）则通过研究表明，除了英、美等国的公司股权结构比较分散外，绝大部分国家的公司股权普遍存在股权集中度较高的特点，从而产生了大股东与中小股东间的第二类代理问题。因此，目前公司治理通常需要解决两类代理问题，即降低股东与管理层间和大股东与中小股东间的双重代理成本。我国上市公司的中小股东也往往因而面临着双重委托代理问题，即经理的代理成本和大股东的利益侵占而蒙受损失。由于代理成本和利益侵占所带来的利益损失和利益保护之间实际上是一个事物的两个方面，利益保护的结果就是减少利益损失。故本章将着重针对上市公司的两类委托代理问题，探讨中小股东的两种治理行为对其利益受损程度的影响，以体现对其自身利益保护的作用。

5.2.1 中小股东治理行为对经理代理能力的影响

根据安等（Ang et al.，2000）的研究，经理代理成本其中的一个方面是由经理的错误投资决策或偷懒行为所造成的资产利用率低下，从而给公司带来的收入减少，本研究将其概括为由经理的代理能力所形成的代理成本。因此，若公司经理存在偷懒行为或者管理能力不足，则会使得公司的资产周转率低下，盈利能力受限，从而使得第一类代理成本增加，造成中小股东利益受损。

让中小股东参与公司决策有助于引导管理层更加看重公司的长远利益，并保留公司剩余资金（Bebchuk，2005）。中小股东"用手投票"的治理行为可以从公司内外部两个方面对公司经理的代理行为产生约束作用。首先，从外部来看，公司内外信息不对称是代理问题产生的根源，它使得外部利益相关者无法完全获知公司内部人的经营行为和努力水平。贾莹丹（2015）认为中小股东的"用手投票"行为在一定程度上可引发外部监督力量，从而减少外部利益相关者的信息劣势，进而约束经理的不作为或消极怠工。其次，从内部来看，孔东民、刘莎莎、黎文靖（2013）认为中小股东能够通过网络投票平台表达其意愿，因此，中小股东有可能通过行使表决权来阻止不利于公司发展的决议获得通过，从而迫使公司提高投资效率，降低经理代理成本。

中小股东"用脚投票"的治理行为是其传统意义上最为常见的自我保护方式。尽管传统观念中，中小股东的"用脚投票"行为无法对经理代理行为产生影响，但是，在互联网环境下，由于信息得以更为便捷地在更广范围内传递，这一状况可能发生变化。计算机和互联网的使用使得在线交易和股票信息所带来的交易成本下降，使用互联网和计算机的家庭相对于不使用的家庭，其股票市场参与程度大大增加（Bogan，2008）。张继德、廖微、张荣武（2014）基于百度搜索指数的实证结果表明，普通投资者通过网络平台对公司的高关注度将伴随高市场流动性，注意力会驱动投资者进行交易。因此，互联网环境使得中小股东能够更为便利地通过网络进行在线股票交易，增加了中小股东的"用脚投票"行为，进而加大了股票市场的流动性。

中小股东"用脚投票"行为对经理代理能力的影响主要通过以下两条途径予以实现：一条路径是通过增加股价信息含量提高经理努力程度。胡锦华（2000）认为，提高股票市场流动性可以增强股票价格对公司业绩、经理人员努力水平和能力反映的精确度，有助于加强公司治理。埃德蒙斯等（Edmans et al.，2011）通过构建博弈模型对大宗股票持有人[①]的治理作用进行了研究，结果表明：当多个大宗股票持有人在交易时充满竞争性，便可以将更多信息融入价格。这进一步促使管理层更加努力，尤其是当经理对股价保持较多关注时。此外，许多学者还发现股票流动性能够放大股东"用脚投票"对提高经理代理能力的积极作用。巴拉斯等（Bharath et al.，2013）的研究结果表明，当股票流动性较低时，股东的退出威胁对经理的约束作用较弱，而流动性较高时，退出威胁则较强。常等（Chang et al.，2013）研究发现，机构投资者退出的频率越高，企业过度投资行为越少，盈余管理水平越低，而股票流动性放大了退出对过度投资行为和盈余管理活动的抑制作用。

---

① 他们对大宗股票持有人的界定做出如下说明：只要该股东拥有私有信息并能基于该信息进行交易，且持有足够股份可以实施干预，其持股比例甚至可以低于5%。

方茜、于殿江（2016）研究发现，股票流动性具有治理效应，能够从股东建议和股东监督两种渠道影响公司投资决策进而影响公司价值。另一条路径是通过造成股价下跌约束经理渎职行为。李学峰（2003）认为，股东卖出股票会使得公司价值下降，影响公司及其管理层的市场形象和声誉，有损公司的融资能力，还可能启动资本市场的接管机制，使得公司有可能被收购者收购，这些都可能会影响到经理的切身利益，从而有助于其提高工作积极性。因此，中小股东的"用脚投票"行为能够有力地提高经理努力水平，增强经理的代理能力。

对此，本研究提出如下假设：

假设1：中小股东的治理行为有助于增强经理的代理能力，提高公司营运能力（资产周转率），降低经理代理成本。

假设1a："用手投票"的治理行为增强经理的代理能力，提高公司营运能力（资产周转率），降低经理代理成本。

假设1b："用脚投票"的治理行为增强经理的代理能力，提高公司营运能力（资产周转率），降低经理代理成本。

5.2.2 中小股东治理行为对经理在职消费的影响

安等（2000）认为，经理代理成本还表现为公司经理因为在职消费所产生的代理成本。虽然中小股东无法通过"用手投票"直接干涉公司经理的在职消费行为，但是，过高的自娱性在职消费会增加公司的管理费用，推高公司经营成本，降低公司盈利水平，并最终影响到公司市场表现和经理任期内的业绩。而中小股东显然不欢迎业绩水平较差的经理及其公司决议，这使得其可能在股东大会中通过投票表决阻止某些决议以约束经理可能的在职消费行为。如，詹森（1986）提出了自由现金流量理论来研究公司代理成本问题。他认为，企业管理当局之所以保留现金而不分给股东，在某种程度上是因为现金储备增加了他们面对资本市场的自主性，企业管理当局可能出于自身利益等方面的考虑而采取背离股东利益的企业行为。刘银国等（2016）对我国国有企业进行研究，结果验证了詹森（1986）的自由现金流假说，即现金股利的分派会减少公司自由现金流量，进而降低公司经理使用自由现金流量而产生的在职消费。由此，中小股东可以利用其表决权在股东大会中极力推崇多分派现金股利，从而降低经理的在职消费水平。因此，中小股东"用手投票"对于经理的在职消费可能存在约束作用，并且通过间接方式实现。

互联网能够改变人们学习、互动和交流的方式，互联网信息处理程度越高，信息不对称程度越低，知情投资者比例也越高（Amir Rubin & Eran Rubin，2010）。因此，互联网的发展使得中小股东能获得更为全面的信息，参与程度大大增加，其交易行为也从盲目的羊群行为变得更为理性。

如前所述，大量中小股东使用"用脚投票"行为无疑有助于增强市场流动性。在这一背景下，中小股东的"用脚投票"行为对经理在职消费的影响可以从以下三条路径发挥作用：首先，中小股东的"用脚投票"行为借助市场流动性的提高加强了大股东的监督作用，从而间接地对经理在职消费产生制约。股票流动性降低了大股东收集股份的成本，有利于大股东掌握控制权并克服"搭便车"行为（Maug，1998）。巴拉斯等（Bharath et al.，2013）研究发现，股票流动性越高，机构大股东持股比例与公司价值之间的正相关关系越强，尤其是对于高管薪酬股价敏感度高的公司更是如此，这意味着股票流动性可以通过激励股东退出完善公司治理。熊家财、苏冬蔚（2016）也发现，股票流动性主要通过强化大股东监督、提升股价信息含量和增加CEO薪酬股价敏感性等机制影响代理成本。其次，"用脚投票"也能通过降低信息不对称程度或提高信息质量减少经理的在职消费。网络环境下，股票流动性提高使得股价包含更多企业信息，这极大地缓解了中小股东所处的信息劣势。阿马蒂和普夫莱德雷尔（Admati & Pfleiderer，2009）发现，股东的退出威胁能够对股东与经理之间的代理问题产生约束影响，当管理者行为公开可见，基于私有信息的退出威胁会减少其减值行为。何进日、武丽（2006）研究发现，非知情投资者的存在催生信号传递机制中断，而知情投资者所占的比例增加则会增强管理者自愿信息披露的动力。魏旭、肖潇、周羿（2013）发现，市场上知情投资者比例越大，公司对高质量审计师的需求就越高，市场平均审计质量就越高。因此，公司披露信息的增加和信息质量的提高会给企业经理行为施加压力，形成来自市场的间接监管作用，实现了中小股东"用脚投票"对经理在职消费行为的约束。最后，中小股东"用脚投票"所造成的股价下跌，同样也会作用于经理在职消费行为，这一点同上述对经理代理能力的影响相类似，此处不再赘述。因此，中小股东"用脚投票"行为能够有效抑制公司经理的在职消费。

综上，本研究提出如下假设：

假设2：中小股东的治理行为可以减少公司经理在职消费，降低第一类代理成本。

假设2a："用手投票"的治理行为可以减少公司经理在职消费，降低第一类代理成本。

假设2b："用脚投票"的治理行为可以减少公司经理在职消费，降低第一类代理成本。

5.2.3 中小股东治理行为对大股东利益侵占的影响

由于信息不对称，大股东往往可以通过关联交易、占用公司资金等方式对公司实施"掏空"，从而损害中小股东利益。因而，在我国股权高度集中的上市公司中，大股东对中小股东的利益侵占已成为普遍的第二类委托代理问题。由于大股东和中小股东是此类问题中产生利益冲突的双方，因此，中小股东的"用手投票"或"用脚投票"行为会对大股东的利益侵占行为产生直接约束。首先，由于采用网络投票方式召开的股东大会越来越普遍，中小股东通过参与股东大会行使表决权也更加便利，他们可以通过这个渠道阻止有损于其利益的决议，通过或者推动有利于其利益的决议，以维护自身利益。例如，孔东民等（2012）研究发现，中小股东对公司议案的认同度与股东大会期间的市场反应正相关，故网络投票平台能够表达中小股东的意愿和态度。因此，网络投票有助于减少来自大股东的代理成本。

中小股东"用脚投票"主要通过增加股价信息、增加大股东控制权和施加股价下跌的压力三种方式来对大股东利益侵占行为进行约束。第一，增加股价信息。虽然散户在股市上大多扮演"噪音"交易者的角色，他们为大户和机构无偿提供了流动性（施东晖、陈启欢，2004），其利益被大股东所侵占。但是，随着互联网环境和技术手段的逐渐完善，中小股东通过在线交易进行"用脚投票"的行为更为频繁和普及，股票市场的参与程度有所提高，流动性有所增强，股价中有关大股东行为的信息含量也随之增加（Grimaud，Faure & Gromb，2004），这降低了公司内外部信息不对称程度，从而有助于中小股东发挥其治理作用。上市交易所产生的信息能够提高大股东采取增加公司价值行为的动机，从而减少对外部投资者的利益攫取。第二，增加大股东控制权。莫格（Maug，1998）认为，股票流动性有利于大股东掌握控制权。而随着第一大股东持股比例的提高，未来股价崩盘风险显著下降，支持了大股东的"监督效应"和"更少掏空效应"（王化成、曹丰、叶康涛，2015），这意味着随着大股东控制权的增加，其对中小股东的利益侵占会逐渐减少。第三，施加股价下跌压力。格里莫等（Grimaud et al.，2004）发现，虽然散户的行为（交易）并不以影响公司价值为目的，但他们依然能够间接影响公司价值。若以散户为主体的中小股东对公司大股东的利益侵占行为不满而通过抛售股票的方式维护自身利益时，就会造成公司股价下跌，这使得大股东的利益直接受到影响。因此，中小股东"用脚投票"行为会对大股东利益侵占产生约束作用。

综上，中小股东的两种治理行为均会降低大股东利益侵占，即第二类代理成本。据此，本研究提出如下假设：

假设 3：中小股东的治理行为可以降低第二类代理成本。

5.3　样本选择与模型设计

5.3.1　样本选择与数据来源

本章所选样本区间为 2009～2015 年，以考察在互联网日趋普及的环境下，中小股东的治理参与对公司代理成本的影响，从减少利益受损的角度衡量对其利益的保护。在这一期间，国内上市公司均已完成股权分置改革，网络已成为投资者获取公司信息不可或缺的媒介，并且越来越多的中小股东可以借助于网络投票、网络交易等方式参与治理，因而可以为本研究提供较为符合条件的理想样本。承接本书第 4 章，本章样本公司依然为 2009 年以前在沪深股市上市的 1591 家 A 股上市公司，剔除了部分缺失样本及资不抵债等异常样本后，最终得到 9521 个样本观测值。

本研究所使用数据主要来自国泰安数据库。其中，体现中小股东"用脚投票"治理行为的卖出交易数据主要来自国泰安大笔交易数据库，体现中小股东"用手投票"治理行为的股东大会出席情况数据来自国泰安治理结构数据库，其他公司治理、公司财务指标和公司特征的数据分别来自国泰安机构投资者、股东、股权性质以及财务报表数据库等。

5.3.2　变量定义

由于利益侵占和利益保护是一个事物的两个方面，故为了检验中小股东公司治理行为对其自身利益的保护，本研究从两类委托代理问题出发，考察经理和大股东对其的利益侵占程度，因此，本章的因变量是两类代理成本，主要的自变量是中小股东最常用的两种公司治理参与方式，即"用手投票"和"用脚投票"。结合相关文献，本研究认为公司治理水平和一些公司特征变量也会影响中小股东的利益，故将其作为控制变量。本研究所使用的变量如下：

（1）经理代理成本。关于经理代理成本的度量，国内外学者大多借鉴安等（2000）的做法，使用了两种指标衡量代理成本，一种是资产周转率，一种是管理费用率。前者主要体现代理人因偷懒等机会主义行为以及决策错误，由其努力程度和代理能力所带来的效率损失。后者侧重反映因代理行为而实际发生的成本，其中经理人的在职消费占据了相当重要的部分（李寿喜，2007）。杨德明等（2009）也认为在我国环境下，管理费用率是一个更恰当的衡量经理人代理成本的指标。

（2）大股东利益侵占。由于大股东常常通过占用公司资金的方式实现其

"掏空"目的，因此借鉴侯晓红等（2008）大多数的文献，本研究使用其他应收款占总资产的比重予以衡量。

（3）"用手投票"参与程度。和本书第 4 章一样，本研究根据邢天才、宗计川（2009）对股东投票出席行为的研究，用中小股东出席股东大会人数的相对比例作为代理变量，构建衡量中小股东"用手投票"参与程度的指标 $\text{Vote}_{i,t}$[①]：

$$\text{Vote}_{i,t} = \frac{\text{Votew}_{i,t} - \text{Votex}_{i,t}}{1000(1 + \text{Votex}_{i,t})} \tag{5.1}$$

其中，$\text{Votew}_{i,t}$ 为网络投票股东大会出席股东人数（包括中小股东和大股东）的平均数，$\text{Votex}_{i,t}$ 为非网络投票股东大会出席股东人数（主要为大股东）的平均数，二者差额主要为中小股东出席股东大会的人数[②]。由于 $\text{Votex}_{i,t}$ 在部分年份存在等于 0 的情况，故本研究在其基础上加 1，并不会对衡量大股东出席股东大会人数造成太大影响[③]。

（4）"用脚投票"治理行为。由于学者们大多认为投资者卖出股票可能会导致股价下跌，因此，对于中小股东"用脚投票"治理行为，本研究通过中小股东的卖出交易比重进行衡量，即：

$$\text{Sell}_{i,t} = 1 - \text{Ltonva}_{i,t} \tag{5.2}$$

其中，$\text{Ltonva}_{i,t}$ 为大笔交易日卖出累计成交金额占交易日卖出总成交金额所占比重，本研究对其取了均值处理，代表的往往是机构投资者或持股比例较高的投资者当年卖盘平均成交金额所占比重，因此 $\text{Sell}_{i,t}$ 即为中小股东当年卖盘平均成交金额所占比重。

[①]　同本书第 4 章一样，由于 $\text{Votex}_{i,t}$ 在部分年份存在等于 0 的情况，故本研究在其基础上加 1，并不会对衡量大股东出席股东大会人数造成太大影响；另外，由于出席股东大会的中小股东与大股东人数可能存在较大悬殊，故本研究对中小股东人数除以 1000，以减少数量级影响，但并不影响指标的经济含义。

[②]　国泰安数据库将股东大会召开方式分为现场投票、网络投票、委托董事会投票、"现场 + 网络"投票、"现场 + 网络 + 委托董事会"投票等多种类型或组合方式。本研究经过数据分析发现，绝大多数股东大会都采用了现场投票或"现场 + 网络"投票。故为了叙述方便，本研究将可用网络投票方式召开的股东大会都称为"网络投票股东大会"，将不可用网络投票方式召开的股东大会称为"非网络投票股东大会"。

[③]　本研究利用出席股东大会人数的思路构建"用手投票"指标的原因同本书第 4 章，此处不再赘述。

（5）公司治理变量。参照已有文献，中小股东进行公司治理的方式还会受到公司治理因素的影响，因此，本研究还加入了其他公司治理变量。其中，内部治理变量主要有：股权集中度、两权分离度、独立董事人数、董事长和总经理兼任情况；外部治理变量主要为机构投资者持股比例。

（6）公司特征变量。为了防止其他变量可能会对被解释变量产生影响，进而对本研究主变量的探讨产生干扰，本研究遵循公司治理学研究的习惯，加入了公司财务指标和其他特征变量作为控制变量，包括公司权益净利率、利息保障倍数、销售收入增长率、资产规模、股东规模、流通股比例、是否国有企业以及年度、行业虚拟变量等。

所有变量的具体说明如表 5 - 1 所示。

表 5 - 1 主要变量定义及说明

符号	变量名称	变量定义
Agency_a	经理代理能力	总资产周转率 = 销售收入/总资产，衡量经理代理成本
Agency_m	经理在职消费	管理费用率 = 管理费用/销售收入，衡量经理代理成本
Occupy	大股东利益侵占度	大股东占款 = （其他应收款/总资产）×100
Vote	用手投票	网络投票与非网络投票股东大会参会人数之差与非网络投票股东大会人数的比值
Sell	用脚投票	大笔交易以外的卖出成交金额占卖出总成交额的比重
Mshare	管理层持股比例	管理层持股所占比重
Sala	经理薪酬	对高管前三名薪酬总额（不含津贴）取对数
Dual	董事长与总经理兼任状况	董事长和总经理兼任时取 1，否则取 0
Idr	独董比重	独董数量/董事会成员人数，反映公司内部监督水平
Dn	董事会规模	董事会人数的对数，衡量公司内部监督水平
Herf	前十大股东持股指数	前十大股东持股比例平方和，衡量公司股权集中度
Z	股权制衡度	第二大股东持股比例相对于第一大股东持股比例的比值
Inst	机构投资者持股比例	公司各类机构投资者持股比例总和
Separation	两权分离度	实际控制人拥有上市公司控制权与所有权之差

符号	变量名称	变量定义
ROA	资产净利率	资产收益率＝净利润/总资产
Lever	资产负债率	总负债/总资产，反映公司偿债能力
Soe	是否国有控股	国有控股单位取 1；非国有控股单位取 0
Growth	销售收入增长率	衡量公司的成长性
Asset	资产规模	公司总资产账面价值的自然对数
Sn	股东规模	公司股东人数的自然对数
Outshares	流通股比重	流通股占总股本的比重
Industry	行业变量	12 个行业哑变量 *
Year	年度变量	6 个年度哑变量

注：＊本研究根据《中国证监会上市公司行业分类指引》（2012）对样本公司进行了分类，并把部分样本数较少的公司行业进行了合并作为其他行业，合并后得到 12 个行业哑变量。

5.3.3　模型设计

（1）为了检验中小股东治理行为对经理代理成本的影响，本研究构建了如下模型：

$$
\begin{aligned}
\text{Agency\_a}_{i,t}(\text{or Agency\_m}_{i,t}) = {} & \alpha + \beta_1 \text{Vote}_{i,t-1} + \beta_2 \text{Sell}_{i,t-1} + \beta_3 \, Z_{i,t-1} + \beta_4 \, \text{Herf}_{i,t-1} \\
& + \beta_5 \, \text{Mshare}_{i,t-1} + \beta_6 \, \text{Sala}_{i,t-1} + \beta_7 \, \text{Inst}_{i,t-1} \\
& + \beta_8 \text{Dual}_{i,t-1} + \beta_9 \, \text{Idr}_{i,t-1} + \beta_{10} \, \text{Dn}_{i,t-1} \\
& + \beta_{11} \, \text{Lever}_{i,t-1} + \beta_{12} \, \text{ROA}_{i,t-1} + \beta_{13} \, \text{Growth}_{i,t-1} \\
& + \beta_{14} \text{Asset}_{i,t-1} + \beta_{15} \, \text{Sn}_{i,t-1} + \beta_{16} \, \text{Outshares}_{i,t-1} \\
& + \beta_{17} \text{Soe}_{i,t} + \sum \text{Industry} + \sum \text{Year} + \varepsilon_{i,t}
\end{aligned}
$$

$$(5.3)$$

（2）为了检验中小股东治理行为对大股东利益侵占的影响，本研究构建了如下模型：

$$
\begin{aligned}
\text{Occupy}_{i,t} = {} & \alpha + \beta_1 \text{Vote}_{i,t-1} + \beta_2 \text{Sell}_{i,t-1} + \beta_3 \, Z_{i,t-1} + \beta_4 \, \text{Herf}_{i,t-1} + \beta_5 \, \text{Seperation}_{i,t-1} \\
& + \beta_6 \, \text{Inst}_{i,t-1} + \beta_7 \, \text{Dual}_{i,t-1} + \beta_8 \, \text{Idr}_{i,t-1} + \beta_9 \, \text{Dn}_{i,t-1} + \beta_{10} \, \text{Lever}_{i,t-1}
\end{aligned}
$$

$$+ \beta_{11} ROA_{i,t-1} + \beta_{12} Growth_{i,t-1} + \beta_{13} Asset_{i,t-1} + \beta_{14} Sn_{i,t-1}$$

$$+ \beta_{15} Outshares_{i,t-1} + \beta_{16} Soe_{i,t} + \sum Industry + \sum Year + \varepsilon_{i,t}$$

$$(5.4)$$

5.4 实证检验

5.4.1 描述性统计

为了去除异常值对结果的影响，本章对部分变量进行了上下 1% 缩尾处理。表 5-2 给出了本章所有变量的描述性统计结果。

表 5-2　　　　　　　　　　各变量的描述性统计

变量	观测值	均值	标准差	最小值	最大值
Agency_a	9521	0.699	0.533	0.029	2.984
Agency_m	9324	0.095	0.100	0.008	0.737
Occupy	9446	1.959	3.776	0	97.76
Vote	9521	0.017	0.046	-0.001	0.326
Sell	9505	0.894	0.051	0.238	0.982
Z	9521	16.22	27.10	1.014	166.0
Herf	9521	0.167	0.124	0.012	0.578
Seperation	8958	6.027	8.312	0	45.49
Mshare	9060	0.032	0.102	0	0.806
Sala	9501	14.13	0.795	9.038	17.71
Inst	9521	7.151	10.17	0.190	58.20
Dual	9374	0.162	0.368	0	1
Idr	9488	0.370	0.054	0.091	0.714

续表

变量	观测值	均值	标准差	最小值	最大值
Dn	9488	2.190	0.214	1.386	3.091
Lever	9521	0.519	0.204	0.007	1
ROA	9521	0.037	0.278	−3.994	22.00
Growth	9511	0.205	0.684	−0.606	5.171
Outshares	9521	0.845	0.225	0.025	1
Sn	9030	10.70	0.877	8.236	14.19
Asset	9521	22.34	1.541	15.58	30.73
Soe	9521	0.594	0.491	0	1

5.4.2　回归结果分析

（1）中小股东治理行为对经理代理能力的影响

本章首先检验了中小股东两种治理行为对经理代理能力的影响。按照模型（5.3），根据 Hausman 检验的结果采用固定效应进行回归，得到的检验结果如表 5-3 所示。

表 5-3　　中小股东治理行为对经理代理能力（资产周转率）的影响

变量	被解释变量：Agency_a					
	（1）	（2）	（3）	（4）	（5）	（6）
Vote	0.129 * (1.88)	0.176 ** (2.49)			0.130 * (1.90)	0.178 ** (2.52)
Sell			−0.070 (−1.08)	−0.092 (−1.35)	−0.073 (−1.12)	−0.095 (−1.41)
Z		0.000 (0.90)		0.000 (0.91)		0.000 (0.87)
Herf		−0.017 (−0.23)		−0.017 (−0.23)		−0.014 (−0.18)

续表

变量	被解释变量：Agency_a					
	（1）	（2）	（3）	（4）	（5）	（6）
Mshare		−0. 444 *** （−5. 34）		−0. 456 *** （−5. 46）		−0. 457 *** （−5. 48）
Sala		0. 025 *** （2. 83）		0. 025 *** （2. 79）		0. 025 *** （2. 80）
Inst		0. 001 * （1. 89）		0. 001 * （1. 87）		0. 001 * （1. 85）
Dual		0. 014 （1. 19）		0. 014 （1. 18）		0. 014 （1. 23）
Idr		−0. 014 （−0. 16）		−0. 011 （−0. 13）		−0. 012 （−0. 14）
Dn		0. 053 （1. 61）		0. 054 * （1. 65）		0. 054 （1. 64）
Lever	0. 137 *** （4. 13）	0. 169 *** （4. 93）	0. 136 *** （4. 11）	0. 168 *** （4. 91）	0. 134 *** （4. 05）	0. 166 *** （4. 83）
ROA	−0. 075 *** （−3. 81）	−0. 023 （−1. 05）	−0. 075 *** （−3. 79）	−0. 023 （−1. 02）	−0. 075 *** （−3. 81）	−0. 023 （−1. 03）
Growth	0. 038 *** （9. 51）	0. 038 *** （9. 29）	0. 039 *** （9. 65）	0. 039 *** （9. 46）	0. 039 *** （9. 55）	0. 038 *** （9. 35）
Outshares	0. 049 *** （2. 91）	0. 042 ** （2. 35）	0. 048 *** （2. 87）	0. 041 ** （2. 27）	0. 048 *** （2. 86）	0. 041 ** （2. 29）
Sn	−0. 038 *** （−4. 35）	−0. 036 *** （−3. 68）	−0. 038 *** （−4. 27）	−0. 035 *** （−3. 61）	−0. 038 *** （−4. 27）	−0. 035 *** （−3. 61）
Asset	−0. 128 *** （−14. 46）	−0. 139 *** （−14. 06）	−0. 129 *** （−14. 56）	−0. 140 *** （−14. 16）	−0. 127 *** （−14. 41）	−0. 138 *** （−14. 00）
Soe	−0. 001 （−0. 04）	−0. 002 （−0. 10）	−0. 001 （−0. 05）	−0. 004 （−0. 15）	−0. 000 （−0. 02）	−0. 002 （−0. 07）
Industry	Yes	Yes	Yes	Yes	Yes	Yes

续表

| 变量 | 被解释变量：Agency_a | | | | | |
	（1）	（2）	（3）	（4）	（5）	（6）
Year	Yes	Yes	Yes	Yes	Yes	Yes
Constant	3.850 *** （18.02）	3.581 *** （14.57）	3.927 *** （18.08）	3.680 *** （14.81）	3.905 *** （17.96）	3.650 *** （14.68）
Observations	7027	6537	7022	6532	7022	6532
R – squared	0.180	0.191	0.180	0.190	0.181	0.191
Numberofcode	1499	1485	1499	1485	1499	1485

注：本表为中小股东"用手投票"和"用脚投票"行为对经理代理能力（资产周转率）的回归结果，括号内为 t 值，"***"、"**"和"*"分别表示估计系数在 1%、5% 和 10% 显著性水平下显著。其中，模型（1）和模型（2）检验的是中小股东"用手投票"对经理代理能力的影响，模型（3）和模型（4）检验的是中小股东"用脚投票"对经理代理能力的影响，模型（5）和模型（6）检验的是中小股东两种治理行为对经理代理能力的影响。此外，模型（1）、模型（3）、模型（5）为未加公司治理变量时的回归模型，模型（2）、模型（4）、模型（6）为加入了所有控制变量的回归模型。所有模型中"用手投票"、"用脚投票"、公司治理变量和财务指标变量都进行了滞后一期处理，以减小反向因果关系的影响。

从表 5 - 3 中检验结果可以看到，中小股东的"用手投票"治理行为对资产周转率有显著的正影响，且都在 10% 水平上显著，这说明中小股东的"用手投票"的治理参与方式对提升公司经理的代理能力、降低第一类代理成本有显著的促进作用。但"用脚投票"治理行为对资产周转率未见显著影响，这可能是因为中小股东积极参与股东大会相对于简单抛售股票而言，有更多渠道获知公司内部信息，从而更加有助于提升经理的工作努力水平和专业管理能力。并且，中小股东抛售股票造成股价下跌，也可能是因为对公司其他内部人行为不满而为之，因而对提升经理代理能力的作用并不显著。因此，假设 1a 得到了支持，但假设 1b 没有得到支持。

（2）中小股东治理行为对经理在职消费的影响

本研究继续检验中小股东治理行为对经理在职消费的影响。通过使用模型（5.3），根据 Hausman 检验结果使用固定效应进行回归，得到检验结果如表 5 - 4 所示。

表 5 - 4 中小股东治理行为对经理在职消费的影响

| 变量 | 被解释变量：Agency_m | | | | | |
	（1）	（2）	（3）	（4）	（5）	（6）
Vote	- 0.052 *** (- 2.72)	- 0.036 * (- 1.82)			- 0.051 *** (- 2.66)	- 0.035 * (- 1.75)
Sell			- 0.035 ** (- 2.00)	- 0.040 ** (- 2.19)	- 0.034 * (- 1.92)	- 0.039 ** (- 2.14)
Herf		- 0.050 ** (- 2.48)		- 0.048 ** (- 2.39)		- 0.049 ** (- 2.41)
Sala		- 0.002 (- 0.92)		- 0.002 (- 0.83)		- 0.002 (- 0.83)
Z		0.000 ** (2.26)		0.000 ** (2.19)		0.000 ** (2.21)
Mshare		- 0.051 ** (- 2.29)		- 0.052 ** (- 2.30)		- 0.051 ** (- 2.28)
Inst		- 0.000 (- 0.79)		- 0.000 (- 0.80)		- 0.000 (- 0.78)
Dual		- 0.002 (- 0.65)		- 0.002 (- 0.56)		- 0.002 (- 0.59)
Idr		0.025 (1.08)		0.026 (1.12)		0.026 (1.12)
Dn		- 0.014 (- 1.52)		- 0.013 (- 1.48)		- 0.013 (- 1.46)
Lever	- 0.025 *** (- 2.85)	- 0.034 *** (- 3.66)	- 0.027 *** (- 3.00)	- 0.035 *** (- 3.79)	- 0.026 *** (- 2.92)	- 0.035 *** (- 3.73)
ROA	- 0.000 (- 0.00)	- 0.004 (- 0.75)	0.000 (0.02)	- 0.004 (- 0.70)	0.000 (0.04)	- 0.004 (- 0.70)
Growth	- 0.004 *** (- 3.31)	- 0.002 * (- 1.89)	- 0.004 *** (- 3.48)	- 0.002 ** (- 1.97)	- 0.004 *** (- 3.35)	- 0.002 * (- 1.91)
Soe	- 0.002 (- 0.27)	- 0.004 (- 0.63)	- 0.001 (- 0.22)	- 0.004 (- 0.56)	- 0.002 (- 0.24)	- 0.004 (- 0.59)

续表

变量	被解释变量：Agency_m					
	（1）	（2）	（3）	（4）	（5）	（6）
Asset	-0.014 *** (-5.90)	-0.013 *** (-4.79)	-0.013 *** (-5.65)	-0.012 *** (-4.64)	-0.014 *** (-5.82)	-0.013 *** (-4.74)
Outshares	-0.003 (-0.59)	-0.004 (-0.80)	-0.003 (-0.57)	-0.004 (-0.75)	-0.003 (-0.56)	-0.004 (-0.76)
Sn	0.004 * (1.87)	0.001 (0.53)	0.005 ** (2.09)	0.002 (0.78)	0.005 ** (2.09)	0.002 (0.78)
Industry	Yes	Yes	Yes	Yes	Yes	Yes
Year	Yes	Yes	Yes	Yes	Yes	Yes
Constant	0.361 *** (6.30)	0.437 *** (6.60)	0.373 *** (6.39)	0.451 *** (6.75)	0.381 *** (6.53)	0.457 *** (6.83)
Observations	6867	6396	6862	6391	6862	6391
R - squared	0.072	0.078	0.071	0.078	0.072	0.079
Numberofcode	1470	1455	1470	1455	1470	1455

注：本表为中小股东"用手投票"和"用脚投票"行为对经理在职消费（管理费用率）影响的回归结果，括号内为 t 值，"***"、"**"和"*"分别表示估计系数在1%、5%和10%显著性水平下显著。其中，模型（1）和模型（2）检验的是中小股东"用手投票"对管理费用率的影响，模型（3）和模型（4）检验的是中小股东"用脚投票"对管理费用率的影响，模型（5）和模型（6）检验的是中小股东两种治理行为对管理费用率的影响。此外，模型（1）、模型（3）、模型（5）均为只加入了年度、年份控制变量进行的回归，模型（2）、模型（4）、模型（6）为加入了所有控制变量进行的回归。所有模型中"用手投票"、"用脚投票"、公司治理变量和财务指标变量都进行了滞后一期处理，以减小反向因果关系的影响。

从表5-4中检验结果可以看到，中小股东的"用手投票"和"用脚投票"治理行为对经理在职消费均存在显著的负影响，中小股东参与治理能有效抑制经理通过在职消费所引起的代理成本，故假设2得到了支持。

（3）中小股东治理行为对大股东利益侵占的影响

针对中小股东对第二类代理问题的治理效应，本研究用中小股东的"用手投票"和"用脚投票"行为对大股东资金占用水平按照模型（5.4）进行回归分析，得到结果如表5-5所示。

表 5 – 5 中小股东治理行为对大股东利益侵占的影响

变量	被解释变量：Occupy					
	（1）	（2）	（3）	（4）	（5）	（6）
Vote	−0.788 （−0.79）	−0.779 （−0.74）			−0.764 （−0.77）	−0.727 （−0.69）
Sell			−1.275 （−1.36）	−1.448 （−1.46）	−1.261 （−1.35）	−1.425 （−1.44）
Z		0.000 （0.04）		0.000 （0.01）		0.000 （0.03）
Herf		−1.655 （−1.50）		−1.609 （−1.45）		−1.623 （−1.47）
Seperation		−0.003 （−0.21）		−0.002 （−0.21）		−0.002 （−0.20）
Inst		−0.003 （−0.29）		−0.003 （−0.29）		−0.003 （−0.28）
Dual		0.314* （1.89）		0.324* （1.95）		0.322* （1.94）
Idr		−1.300 （−1.02）		−1.294 （−1.02）		−1.291 （−1.01）
Dn		0.126 （0.26）		0.140 （0.29）		0.138 （0.28）
Lever	1.370*** （2.89）	1.578*** （3.13）	1.318*** （2.78）	1.521*** （3.02）	1.329*** （2.80）	1.533*** （3.04）
ROA	0.146 （0.52）	−0.277 （−0.88）	0.153 （0.54）	−0.267 （−0.85）	0.154 （0.55）	−0.267 （−0.85）
Growth	−0.036 （−0.62）	−0.037 （−0.61）	−0.037 （−0.63）	−0.038 （−0.63）	−0.035 （−0.60）	−0.037 （−0.60）
Asset	−0.417*** （−3.30）	−0.414*** （−2.89）	−0.404*** （−3.19）	−0.398*** （−2.78）	−0.410*** （−3.24）	−0.405*** （−2.82）
Sn	−0.207 （−1.63）	−0.288** （−2.04）	−0.192 （−1.50）	−0.269* （−1.89）	−0.192 （−1.50）	−0.269* （−1.89）

续表

变量	被解释变量：Occupy					
	（1）	（2）	（3）	（4）	（5）	（6）
Outshares	0.372 (1.54)	0.165 (0.63)	0.372 (1.53)	0.164 (0.63)	0.373 (1.54)	0.165 (0.63)
Soe	−0.281 (−0.85)	−0.007 (−0.02)	−0.271 (−0.82)	0.002 (0.01)	−0.273 (−0.82)	0.003 (0.01)
Industry	Yes	Yes	Yes	Yes	Yes	Yes
Year	Yes	Yes	Yes	Yes	Yes	Yes
Constant	11.424*** (3.72)	11.038*** (3.05)	12.083*** (3.87)	11.723*** (3.20)	12.212*** (3.91)	11.855*** (3.23)
Observations	6978	6447	6973	6442	6973	6442
R − squared	0.012	0.013	0.012	0.014	0.012	0.014
Number of code	1498	1456	1498	1456	1498	1456

注：本表为中小股东"用手投票"和"用脚投票"行为对大股东利益侵占（资金占用水平）影响的回归结果，括号内为 t 值，"***"、"**"和"*"分别表示估计系数在1%、5%和10%显著性水平下显著。其中，模型（1）和模型（2）检验的是中小股东"用手投票"对大股东利益侵占的影响，模型（3）和模型（4）检验的是中小股东"用脚投票"对大股东利益侵占的影响，模型（5）和模型（6）检验的是中小股东两种治理行为对大股东利益侵占的影响。此外，模型（1）、模型（3）、模型（5）为未加公司治理变量时进行的回归，模型（2）、模型（4）、模型（6）为加入了所有控制变量进行的回归。所有模型中"用手投票"、"用脚投票"、公司治理变量和财务指标变量都进行了滞后一期处理，以减小反向因果关系的影响。

从表5-5回归结果可以看出，无论是"用手投票"还是"用脚投票"系数都为负，说明中小股东的两种治理方式对大股东利益侵占存在抑制作用，但结果并不显著。这可能是因为，在公司的经营管理中，管理层处在"台前"，大股东躲在"幕后"，管理层更容易被外界曝光而成为被处罚的对象并沦为大股东侵占行为的"替罪羊"，这使得中小股东的治理行为对大股东的侵占行为并不能产生实质性的约束作用，故假设3没有得到支持。

（4）稳健性检验

为了证明上述结果具有稳健性，本研究基于公司治理理论，借鉴其他学者的处理方法，使用其他指标对两类代理成本进行了度量。

①改变经理代理成本的度量指标进行检验

由于主营业务收入（即营业收入－其他业务收入）能够更好地反映经理人的努力程度和代理能力，本研究借鉴王明琳、徐萌娜、王河森（2014）的做法，使用资产利用率（即 Agency_a2，主营业务收入/总资产期末余额）替代上述资产周转率衡量经理人的努力程度和代理能力。

借鉴罗等（Luo et al.，2011）、权小锋等（2010）的做法，采用经理实际在职消费与由经济因素决定预期正常的经理在职消费之间的差额作为非正常的经理在职消费（Agency_m2），并以此衡量经理由在职消费所产生的代理成本。其中，预期正常的经理在职消费用模型（5.5）进行估计：

$$\frac{Perks_{i,t}}{Asset_{i,t-1}} = \alpha_0 + \beta_1 \frac{1}{Asset_{i,t-1}} + \beta_2 \frac{Sale_{i,t} - Sale_{i,t-1}}{Asset_{i,t-1}} + \beta_3 \frac{PPE_{i,t}}{Asset_{i,t-1}} + \beta_4 \frac{Inventory_{i,t}}{Asset_{it-1}}$$

$$+ \beta_1 \ln Employee_{i,t} + \sum Industry + \sum Year + \varepsilon_{i,t} \qquad (5.5)$$

其中，$Perks_{i,t}$ 为第 t 期经理实际在职消费，通过管理费用扣除董监高成员薪酬（因其明显不属于在职消费）的余额予以衡量；$Sale_{i,t}$ 为第 t 期主营业务收入；$PPE_{i,t}$ 为第 t 期固定资产净额；$Inventory_{i,t}$ 为第 t 期存货总额；$\ln Employee_{i,t}$ 为第 t 期公司员工总数的自然对数；Industry 和 Year 为行业和年度虚拟变量。

对此，本研究将模型（5.3）中的因变量 Agency_a、Agency_m 分别替换为 Agency_a2、Agency_m2，对中小股东对第一类代理问题的治理效应进行检验，得到如表 5－6 所示的回归结果。

表 5－6　　　　　　中小股东治理行为对第一类代理成本的影响

变量	Agency_a2			Agency_m2		
	（1）	（2）	（3）	（4）	（5）	（6）
Vote	0.174 ** (2.48)		0.176 ** (2.50)	－ 0.036 ** （－2.28）		－ 0.035 ** （－2.21）
Sell		－ 0.088 （－1.31）	－ 0.092 （－1.36）		－ 0.034 ** （－2.28）	－ 0.033 ** （－2.21）
Convar	Yes	Yes	Yes	Yes	Yes	Yes

续表

变量	Agency_a2			Agency_m2		
	（1）	（2）	（3）	（4）	（5）	（6）
Constant	3.548 *** （14.54）	3.645 *** （14.78）	3.615 *** （14.65）	0.667 *** （12.57）	0.678 *** （12.65）	0.684 *** （12.75）
Observations	6537	6532	6532	6390	6385	6385
R - squared	0.190	0.190	0.191	0.424	0.424	0.425
Number of code	1485	1485	1485	1455	1455	1455

注：本表为中小股东"用手投票"和"用脚投票"行为对经理代理成本影响的回归结果，Convar 为所有控制变量，括号内为 t 值，"***"、"**"和"*"分别表示估计系数在 1%、5% 和 10% 显著性水平下显著。

②改变大股东利益侵占程度的度量指标进行检验

由于关联交易也是大股东"掏空"的常见方式，因此借鉴魏明海等（2013）的做法，本研究还使用关联交易（Rpt）替代资金占用水平对大股东利益侵占程度予以衡量。对此，本研究将模型（5.4）中的因变量 Occupy 替换为 Rpt，对中小股东对大股东利益侵占的治理效应进行检验，得到如表 5 - 7 所示的回归结果。

表 5 - 7　　中小股东治理行为对大股东利益侵占（关联交易）的影响

变量	被解释变量：Rpt		
	（1）	（2）	（3）
Vote	- 0.123 （- 0.94）		- 0.116 （- 0.89）
Sell		- 0.184 （- 1.49）	- 0.180 （- 1.45）
Convar	Yes	Yes	Yes
Constant	2.592 *** （5.70）	2.675 *** （5.82）	2.696 *** （5.85）
Observations	6477	6472	6472

变量	被解释变量：Rpt		
	（1）	（2）	（3）
R – squared	0.032	0.032	0.032
Number of code	1456	1456	1456

注：本表为中小股东"用手投票"和"用脚投票"行为对大股东利益侵占影响的回归结果，Convar 为所有控制变量，括号内为标准差，"＊＊＊"、"＊＊"和"＊"分别表示估计系数在1％、5％和10％显著性水平下显著。

表5–6 和表5–7 的结果表明，在改变了两类代理成本的度量方法后，中小股东"用手投票"依然可以显著提升经理代理能力，两种治理行为均可以显著降低经理在职消费，即假设1a 和假设2 通过了检验；两种治理行为对大股东利益侵占行为均不存在显著的抑制作用，假设3 再次没有得到支持。因此，上述结果具有一定稳健性和可靠性。

5.5　进一步的讨论：二者的作用机制

5.5.1　问题的提出

本章的经验研究表明，中小股东治理参与对其自身利益的保护，主要来自对经理人的代理成本的约束，但是对大股东利益侵占的约束却不明显。在研究公司治理时，将企业的具体制度背景纳入研究框架是至关重要的（Le，Kroll & Walters，2010）。历史制度环境和现行制度环境对企业的影响同样重要（Shenkar，1996）。针对我国二元经济结构下的企业而言，曲红燕、武常岐（2014）认为，由于历史原因和转型经济背景，国有企业和非国有企业以及它们的高管处于两种截然不同的制度环境中，这也使得它们表面上相似的公司治理安排具有不同的治理效果。

因此，治理行为究竟如何作用于利益损失？在不同所有权性质的上市公司中其作用是否一致？显然，这些问题还有待做进一步的检验。本研究将借鉴周开国等（2016）的研究思路，根据所有权性质将上市公司分为国有企业和非国有企业两组，从而揭示中小股东治理行为对降低经理代理成本在两组子样本之间的差异，以探讨前者对后者的作用机制。

5.5.2　理论分析与研究假设

国有企业的经营目标存在多元化特征，包括维持经济稳定、提供就业岗位以及增加财政收入等。曲红燕、武常岐（2014）研究发现，在非国有企业中影响高管离职的两大主要因素——财务绩效和高管权力，对国有企业高管离职的降低作用都比较弱甚至不存在，因此，国有企业及其高管更深地嵌入在政治和社会制度中。郑志刚等（2015）认为，对于经理人更迭频繁的国有企业，企业只不过是他们政治升迁的跳板。因此，国有企业经理的行政背景决定了其产生代理成本的影响因素除了与非国有企业经理一样具有经济因素以外，还有政治因素。国有企业经理政治升迁的动机甚至大于经济因素。在当前国内较为重视维稳和舆情的外部环境中，国有企业因为同时存在政治稳定和经济增长的多重目标而需要比非国有企业承担更多的社会责任，对损害公众投资者的行为会存在行政干预，国企经理也更加注重塑造其勤勉尽责的公众形象，从而对外部中小股东积极参与公司治理的行为做出更多让步和关注。面对中小股东以参加股东大会的方式阻止类似降低公司运营能力的公司决议获得通过，国企高管在考虑自身政治利益和业绩考核的同时，也会更多地照顾到外部投资者的意愿和诉求，在政府行政介入的干预之下做出更为迎合的态度。但是，在非国有企业中，公司经理缺乏政治背景，他们更加看重自身的经济利益，而不是行政职位的升迁。曲红燕、武常岐（2014）认为，非国有企业及其高管更多地嵌入在市场化经济制度中。因此，中小股东一旦对公司业绩或经营决策表示不满并通过抛售股票"用脚投票"，便可能会对公司股价形成下行的市场压力，影响其绩效评价，从而对公司经理不合理的在职消费行为产生较大约束。因此，本研究提出如下假设：

假设4：中小股东"用手投票"对经理代理成本的治理作用在国有企业中更强，主要通过行政介入机制予以实现；而"用脚投票"对经理代理成本的治理作用则在非国有企业中更强，主要通过市场压力机制予以实现。

假设4a：中小股东通过"用手投票"提高经理代理能力的作用在国有企业中更强，即存在行政介入机制。

假设4b：中小股东通过"用手投票"降低经理在职消费的作用在国有企业中更强，即存在行政介入机制。

假设4c：中小股东通过"用脚投票"降低经理在职消费的作用在非国有企业中更强，即存在市场压力机制。

5.5.3 实证检验结果及分析

本研究在上述检验结果的基础上，通过加入"用手投票"或"用脚投票"与所有权性质的交叉项 Soev 或 Soes，构建以下模型以继续揭示不同所有权性质的企业中中小股东治理行为对降低第一类代理成本的作用比较。

$$
\begin{aligned}
\mathrm{Agency\_a_{i,t}} = {} & \alpha + \beta_1 \mathrm{Vote_{i,t-1}} + \beta_2 \mathrm{Sell_{i,t-1}} + \beta_3 \mathrm{Soev_{i,t-1}} + \beta_4 \mathrm{Soe_{i,t}} + \beta_5 \mathrm{Z_{i,t-1}} \\
& + \beta_6 \mathrm{Herf_{i,t-1}} + \beta_7 \mathrm{Mshare_{i,t-1}} + \beta_8 \mathrm{Sala_{i,t-1}} + \beta_9 \mathrm{Inst_{i,t-1}} \\
& + \beta_{10} \mathrm{Dual_{i,t-1}} + \beta_{11} \mathrm{Idr_{i,t-1}} + \beta_{12} \mathrm{Lever_{i,t-1}} + \beta_{13} \mathrm{ROA_{i,t-1}} \\
& + \beta_{14} \mathrm{Growth_{i,t-1}} + \beta_{15} \mathrm{Asset_{i,t-1}} + \beta_{16} \mathrm{Sn_{i,t-1}} + \beta_{17} \mathrm{Outshares_{i,t-1}} \\
& + \sum \mathrm{Industry} + \sum \mathrm{Year} + \varepsilon_{i,t}
\end{aligned}
\tag{5.6}
$$

$$
\begin{aligned}
\mathrm{Agency\_m_{i,t}} = {} & \alpha + \beta_1 \mathrm{Vote_{i,t-1}} + \beta_2 \mathrm{Sell_{i,t-1}} + \beta_3 \mathrm{Soev_{i,t-1}} + \beta_4 \mathrm{Soe_{i,t}} + \beta_5 \mathrm{Z_{i,t-1}} \\
& + \beta_6 \mathrm{Herf_{i,t-1}} + \beta_7 \mathrm{Mshare_{i,t-1}} + \beta_8 \mathrm{Sala_{i,t-1}} + \beta_9 \mathrm{Inst_{i,t-1}} \\
& + \beta_{10} \mathrm{Dual_{i,t-1}} + \beta_{11} \mathrm{Idr_{i,t-1}} + \beta_{12} \mathrm{Dn_{i,t-1}} + \beta_{13} \mathrm{Lever_{i,t-1}} \\
& + \beta_{14} \mathrm{ROA_{i,t-1}} + \beta_{15} \mathrm{Growth_{i,t-1}} + \beta_{16} \mathrm{Asset_{i,t-1}} + \beta_{17} \mathrm{Sn_{i,t-1}} \\
& + \beta_{18} \mathrm{Outshares_{i,t-1}} + \sum \mathrm{Industry} + \sum \mathrm{Year} + \varepsilon_{i,t}
\end{aligned}
\tag{5.7}
$$

$$
\begin{aligned}
\mathrm{Agency\_m_{i,t}} = {} & \alpha + \beta_1 \mathrm{Vote_{i,t-1}} + \beta_2 \mathrm{Sell_{i,t-1}} + \beta_3 \mathrm{Soes_{i,t-1}} + \beta_4 \mathrm{Soe_{i,t}} + \beta_5 \mathrm{Z_{i,t-1}} \\
& + \beta_6 \mathrm{Herf_{i,t-1}} + \beta_7 \mathrm{Mshare_{i,t-1}} + \beta_8 \mathrm{Sala_{i,t-1}} + \beta_9 \mathrm{Inst_{i,t-1}} \\
& + \beta_{10} \mathrm{Dual_{i,t-1}} + \beta_{11} \mathrm{Idr_{i,t-1}} + \beta_{12} \mathrm{Dn_{i,t-1}} + \beta_{13} \mathrm{Lever_{i,t-1}}
\end{aligned}
$$

$$+ \beta_{14}\,\mathrm{ROA}_{i,t-1} + \beta_{15}\,\mathrm{Growth}_{i,t-1} + \beta_{16}\,\mathrm{Asset}_{i,t-1} + \beta_{17}\,\mathrm{Sn}_{i,t-1}$$

$$+ \beta_{18}\,\mathrm{Outshares}_{i,t-1} + \sum \mathrm{Industry} + \sum \mathrm{Year} + \varepsilon_{i,t} \qquad (5.8)$$

模型（5.6）用来检验中小股东"用手投票"对经理代理能力的影响在不同所有权性质企业之间的比较，模型（5.7）和模型（5.8）分别用来检验中小股东两种治理行为对经理在职消费的影响在不同所有权性质企业之间的比较。根据 Hausman 检验的结果，本研究使用固定效应对上述模型进行回归，结果如表 5 - 8 所示。

表 5 - 8　　国有企业和非国有企业中小股东治理行为对经理代理成本的影响比较

变量	Agency_a			Agency_m		
	（1）	（2）	（3）	（4）	（5）	（6）
Vote	0.061 * （1.69）	0.060 * （1.68）	- 0.052 ** （- 2.08）	- 0.052 ** （- 2.05）		- 0.035 * （- 1.77）
Sell		- 0.100 （- 1.47）		- 0.040 ** （- 2.16）	- 0.116 *** （- 4.09）	- 0.115 *** （- 4.06）
Soev	0.134 ** （2.16）	0.137 ** （2.21）	0.018 （1.04）	0.018 （1.09）		
Soe	- 0.004 （- 0.17）	- 0.004 （- 0.15）	- 0.004 （- 0.65）	- 0.004 （- 0.62）	- 0.115 *** （- 3.55）	- 0.116 *** （- 3.56）
Soes					0.125 *** （3.51）	0.126 *** （3.51）
Z	0.000 （0.86）	0.000 （0.83）	0.000 ** （2.24）	0.000 ** （2.19）	0.000 ** （2.22）	0.000 ** （2.25）
Herf	- 0.016 （- 0.22）	- 0.012 （- 0.17）	- 0.050 ** （- 2.47）	- 0.049 ** （- 2.40）	- 0.047 ** （- 2.34）	- 0.048 ** （- 2.36）
Mshare	- 0.445 *** （- 5.36）	- 0.459 *** （- 5.50）	- 0.051 ** （- 2.30）	- 0.051 ** （- 2.29）	- 0.051 ** （- 2.30）	- 0.051 ** （- 2.28）
Sala	0.025 *** （2.83）	0.025 *** （2.80）	- 0.002 （- 0.92）	- 0.002 （- 0.83）	- 0.002 （- 0.83）	- 0.002 （- 0.83）
L. Inst	0.001 * （1.70）	0.001 * （1.66）	- 0.000 （- 0.87）	- 0.000 （- 0.86）	- 0.000 （- 0.87）	- 0.000 （- 0.85）
Dual	0.014 （1.18）	0.014 （1.21）	- 0.002 （- 0.66）	- 0.002 （- 0.60）	- 0.002 （- 0.58）	- 0.002 （- 0.61）

续表

变量	Agency_a			Agency_m		
	（1）	（2）	（3）	（4）	（5）	（6）
Idr	−0.017 （−0.20）	−0.015 （−0.17）	0.025 （1.06）	0.026 （1.10）	0.026 （1.14）	0.027 （1.14）
Dn	0.052 （1.58）	0.053 （1.61）	−0.014 （−1.53）	−0.013 （−1.47）	−0.013 （−1.43）	−0.013 （−1.41）
Lever	0.169 *** （4.93）	0.166 *** （4.83）	−0.034 *** （−3.66）	−0.035 *** （−3.73）	−0.034 *** （−3.71）	−0.034 *** （−3.65）
ROA	−0.023 （−1.03）	−0.022 （−1.01）	−0.004 （−0.75）	−0.004 （−0.69）	−0.004 （−0.65）	−0.004 （−0.66）
Growth	0.038 *** （9.32）	0.039 *** （9.39）	−0.002 * （−1.88）	−0.002 * （−1.89）	−0.002 ** （−2.02）	−0.002 * （−1.96）
Outshares	0.041 ** （2.31）	0.040 ** （2.25）	−0.004 （−0.81）	−0.004 （−0.78）	−0.004 （−0.90）	−0.004 （−0.90）
Sn	−0.036 *** （−3.77）	−0.036 *** （−3.69）	0.001 （0.49）	0.002 （0.74）	0.002 （0.72）	0.002 （0.72）
Asset	−0.139 *** （−14.08）	−0.138 *** （−14.02）	−0.013 *** （−4.80）	−0.013 *** （−4.75）	−0.012 *** （−4.61）	−0.013 *** （−4.71）
Industry	Yes	Yes	Yes	Yes	Yes	Yes
Year	Yes	Yes	Yes	Yes	Yes	Yes
Constant	3.599 *** （14.63）	3.670 *** （14.76）	0.439 *** （6.64）	0.460 *** （6.87）	0.517 *** （7.45）	0.522 *** （7.53）
Observations	6537	6532	6396	6391	6391	6391
R − squared	0.191	0.192	0.078	0.079	0.080	0.081
Number of code	1485	1485	1455	1455	1455	1455

注：本表为加入了治理方式和所有权性质的交叉项后中小股东"用手投票"和"用脚投票"行为对第一类代理成本的回归结果，括号内为 t 值，" *** "、" ** "和" * "分别表示估计系数在 1% 、5% 和 10% 显著性水平下显著。其中，模型（1）和模型（2）是以经理代理能力（资产周转率）为被解释变量，且加入了"用手投票"和所有权性质的交叉项（Soev）后的回归结果，模型（3）、模型（4）是以经理在职消费（管理费用率）为被解释变量，且加入了中小股东"用手投票"与所有权性质交叉项（Soev）后的回归结果，模型（5）、模型（6）是以经理在职消费（管理费用率）为被解释变量，且加入了中小股东"用脚投票"与所有权性质交叉项（Soes）后的回归结果。所有模型对"用手投票"、"用脚投票"、公司治理变量和财务指标变量都进行了滞后一期处理，以减小内生性影响。

上述检验结果表明，所有模型中无论是否同时加入 Vote 和 Sell 作为自变量，模型（1）和模型（2）中"用手投票"Vote 可以显著提高经理代理能力，且"用手投票"与所有权性质的交叉项 Soev 均在 5% 的显著性水平上与经理代理能力正相关，这反映出国有企业中小股东"用手投票"对降低经理代理成本的作用显著大于非国有企业，即"用手投票"对提高代理能力的治理作用通过行政介入机制得以发挥，假设 4a 得到了验证；模型（5）和模型（6）表明，中小股东"用脚投票"能够显著抑制经理在职消费，且交叉项 Soes 与经理在职消费显著正相关，反映出在非国有企业中小股东的治理行为对降低经理代理成本的作用强于国有企业，即"用脚投票"的治理作用主要通过市场压力机制得以实现①，假设 4c 得到了验证。而模型（3）和模型（4）中，中小股东的"用手投票"行为虽然对在职消费存在显著抑制作用，但其对应的交叉项 Soev 并不显著，假设 4b 没有通过检验，二者之间不存在行政介入机制。这可能是因为，非国有企业相对于国有企业，管理层选择维护自身职位并追求个人效用最大化的行为即管理层防御现象更为严重（刘银国，2012），且国有企业自由现金流量虽然可以增加经理在职消费，但同时也会加大该行为的不确定性（刘银国，2016），这使得国有企业中小股东通过"用手投票"有效降低在职消费的作用不一定显著大于非国有企业，从而不存在行政介入机制，故假设 4b 未得到验证。

5.5.4　稳健性检验

为了保证上述结论具有可靠性，本研究延续本章上一节替换变量的处理方法，对经理的代理能力和在职消费分别用其他变量进行表征，即将 Agency_a 和 Agency_m 分别替换为 Agency_a2 和 Agency_m2，继续对中小股东的治理机制进行检验，得到如表 5 - 9 所示的回归结果。

---

①　本研究通过对国有企业中小股东"用脚投票"行为对经理在职消费的影响进行 F 检验发现，国有企业的中小股东"用脚投票"对经理在职消费的抑制作用并不显著。

表5-9 中小股东治理行为对经理代理成本的作用机制

变量	Agency_a2			Agency_m2		
	(1)	(2)	(3)	(4)	(5)	(6)
Vote	0.058* (1.65)	0.057* (1.65)	-0.060*** (-2.98)	-0.059*** (-2.95)		-0.035** (-2.22)
Sell		-0.096 (-1.42)		-0.033** (-2.25)	-0.064*** (-2.81)	-0.063*** (-2.77)
Soev	0.135** (2.19)	0.138** (2.24)	0.026 (0.92)	0.027 (0.97)		
Soe	-0.011 (-0.48)	-0.011 (-0.46)	-0.007 (-1.31)	-0.007 (-1.27)	-0.051* (-1.95)	-0.051** (-1.97)
Soes					0.050* (1.75)	0.051* (1.76)
Convar	Yes	Yes	Yes	Yes	Yes	Yes
Constant	3.566*** (14.61)	3.636*** (14.73)	0.671*** (12.64)	0.688*** (12.82)	0.705*** (12.65)	0.711*** (12.75)
Observations	6537	6532	6390	6385	6385	6385
R-squared	0.191	0.192	0.425	0.425	0.425	0.425
Number of code	1485	1485	1455	1455	1455	1455

注：本表为中小股东"用手投票"和"用脚投票"行为对经理代理成本作用机制的回归结果，Convar为所有控制变量，括号内为t值，"***"、"**"和"*"分别表示估计系数在1%、5%和10%显著性水平下显著。

表5-9的结果表明，模型（1）和模型（2）中Vote和Soev均显著为正，表明国有企业中小股东"用手投票"的治理作用显著强于非国有企业，"用手投票"治理效应的发挥存在行政介入机制，而模型（5）和模型（6）中Sell显著为负而Soes显著为正，说明非国有企业中小股东"用脚投票"的治理作用显著强于国有企业，"用脚投票"治理效应的发挥存在市场压力机制。因此，研究假设4a和假设4c再次得到了验证。但是，在模型（3）和模型（4）中，中小股东"用手投票"虽依然表现出了显著的治理作用，但国有企业中小股东"用手投票"对在职消费的抑制作用并未显著强于非国

有企业，假设 4b 再次未通过检验。

5.6　实证检验的结果与分析

关于中小股东治理行为对减少公司代理成本的影响，本章得到的检验结果具体如下：

（1）"用手投票"能够较好地提升经理代理能力和降低经理在职消费，而"用脚投票"仅有助于约束经理在职消费行为，因此，两种治理行为都有助于降低经理代理成本。

（2）相对于非国有企业，中小股东"用手投票"对经理代理能力的提高在国有企业中体现得更为突出，反映出"用手投票"对经理代理能力的治理作用存在着行政介入机制；相对于国有企业，中小股东"用脚投票"对经理在职消费的约束在非国有企业中体现得更为突出，反映出"用脚投票"对经理在职消费的治理作用存在着市场压力机制。

（3）中小股东的治理行为对大股东的利益侵占却未见有显著的约束作用。这可能是因为大股东在"幕后"的利益侵占途径或行为较经理的侵占行为更为隐蔽，而中小股东的治理能力尚较为有限，因而对约束大股东侵占的作用较为有限。

上述结论表明，中小股东的治理参与已能够发挥出一定的治理效应，对于解决经理的代理问题已经显现出一定的积极作用，但是，对大股东利益侵占的制约作用尚有待提高。此外，本研究结论还反映出，中小股东两种治理行为的发挥途径和机制存在差异，这为我国当前在新一轮国有企业混合所有制改革背景下进行国有股权的转让提供了积极的理论支撑。

第 6 章

结论、政策启示及研究局限

6.1 主要研究结论

互联网的日趋普及增强了公司信息披露的程度和外界对其的监督力度，降低了中小股东的信息获取成本和公司治理成本。本研究基于互联网日趋普及的背景，利用和讯财经数据频道的个股关注度数据，研究了网络关注下中小股东的治理行为，得到了如下结论。

6.1.1 网络关注促进了中小股东的治理行为

关于网络关注对中小股东治理参与的影响，根据本书第 3 章的实证结果可以发现，网络关注对中小股东治理参与行为具有积极的推动作用，具体如下：

（1）网络关注有助于增加中小股东公司治理行为。中小股东参与公司治理的行为，无论是积极方式（用手投票）还是消极方式（用脚投票），都会受到网络关注程度的提高而显著增加。这表明，在互联网日益普及的当前，随着公司信息披露的程度和外界对其监督力度的加大，中小股东的监督成本和治理成本大大下降，使得其通过各种方式参与公司治理的程度有所上升，

"冷漠"程度不断下降。

（2）网络关注程度会影响中小股东治理行为的相对偏好。具体表现为，随着网络关注程度增加，中小股东对"用手投票"相对于"用脚投票"的偏好程度逐渐上升，反之，则对"用脚投票"相对于"用手投票"的偏好程度逐渐上升。这反映出中小股东在网络飞速发展的背景下，随着信息不对称程度的减弱，其越来越倾向于采用积极的方式进行发声、参与治理，同样反映出中小股东已不再满足于做一个"冷漠的搭便车者"。

上述结论表明，在投资者网络关注的推动下，中小股东会更为积极地使用各种方式对公司治理产生影响，尤其是随着网络关注程度的提高，中小股东更为倾向采用积极治理的方式进行参与，揭示出中小股东在网络新形势下对于公司治理参与的态度不再保持"冷漠"。这一发现为完善公司治理机制揭示了新的参与主体，也为投资者保护理论增添了新的保护机制。

6.1.2　中小股东的治理行为可以降低经理的代理成本

对于中小股东治理行为对减少公司代理成本的影响，本研究根据第 5 章的实证结果发现，中小股东的治理行为有助于降低来自经理人的第一类代理成本，且在不同所有权性质的企业中其治理行为的实施方式和机制存在差异，但是两种治理行为对降低来自大股东的第二类代理成本暂时还无能为力，具体如下：

（1）中小股东的治理行为对公司经理的代理成本有较好的治理效果，但不同治理行为的治理途径不同。具体而言，"用手投票"仅能够较好地提升经理代理能力，即通过提升营运能力来降低经理代理成本；而"用脚投票"仅有助于约束经理在职消费行为，即通过减少经营成本来降低经理代理成本。

（2）针对企业的不同所有权性质进行的分类，本研究还发现，中小股东的两种治理行为对降低经理代理成本的作用机制存在差异，"用手投票"对经理代理能力的治理作用主要通过行政介入机制实现，而"用脚投票"对经理在职消费的治理效应主要通过市场压力机制实现。

（3）对来自大股东的占款或关联交易等利益侵占行为未见有显著的约束作用。这可能是因为大股东的利益侵占行为较经理的侵占行为更为隐蔽，且中小股东的治理能力有限，因而对约束大股东侵占的作用不明显。

上述结论表明，中小股东的治理行为对于降低公司代理成本，缓解委托代理问题已经显现出一定的积极作用，但是，由于大股东利益侵占行为较为隐蔽，且中小股东理性行为往往滞后于认知，其参与治理的作用非常有限，这一定程度上限制了其对公司大股东利益侵占行为所应发挥的制约作用；此外，对于我国新一轮的国有企业混合所有制改革而言，本研究结论反映出国有企业对中小股东参与治理做出了更好的反馈，这为国有股权的转让提供了积极的理论支撑。

6.2　政　策　启　示

针对上述结论，本研究提出如下政策启示：

（1）在互联网快速发展的环境下，证监部门应当用新的眼光看待中小股东，并通过搭建平台、制定合理规则积极鼓励中小股东运用各种方式参与公司治理，并加强中小投资者专业基础知识教育，以增强中小股东在公司治理中的参与程度和治理效应。

（2）网络媒体作为投资者关注的重要信息载体和传播渠道，对中小股东权益保护起到了重要的基础作用。因此，一方面，监管部门应加强对其的积极引导，另一方面，网络媒体自身也应重视所提供信息的质量，以更好地发挥其信息传递作用。

（3）上市公司也应当重新审视中小股东的监督和治理作用，通过减少行政干预，完善董事会治理机制，为其营造理想的治理环境。对于国有企业，更应积极为中小股东提供治理参与的机会或平台，以使混合所有制改革得以顺利进行。

6.3　研　究　局　限

尽管本研究力求尽可能全面深入地探讨网络关注下的中小股东治理行为，但限于本人的研究水平及客观条件，可能存在的局限性如下：

（1）受制于网络投票数据和交易数据的局限性，无法对中小股东的"用手投票"或"用脚投票"治理行为做出直接的度量，可能会对结论的有效性或真实性产生一定影响。

（2）网络关注对中小股东治理行为的影响虽然检验结果已经明了，但是其作用机制仍需在未来作进一步的探讨。

（3）投资者关注的治理效应也可能会受到投资者自身专业能力的影响，从而可能存在决策差异，因此，后续研究可结合我国中小投资者教育情况作进一步的拓展研究，以丰富投资者关注理论和投资者保护理论的研究成果。

参 考 文 献

［1］岑维、李士好、童娜琼：《投资者关注度对股票收益与风险的影响——基于深市"互动易"平台数据的实证研究》，载于《证券市场导报》2014 年第 7 期。

［2］陈工孟、高宁：《我国证券监管有效性的实证研究》，载于《管理世界》2005 年第 7 期。

［3］醋卫华、夏云峰：《媒体报道倾向与公司并购——来自中国的经验证据》，载于《财经科学》2014 年第 11 期。

［4］党东耀：《互联网进化路径与媒介融合模式的变迁》，载于《编辑之友》2015 年第 11 期。

［5］方茜、于殿江：《股票流动性、治理效应与公司投资》，载于《山东大学学报（哲学社会科学版）》2017 年第 2 期。

［6］冯根福：《双重委托代理理论：上市公司治理的另一种分析框架——兼论进一步完善中国上市公司治理的新思路》，载于《经济研究》2004 年第 12 期。

［7］冯根福、闫冰：《公司股权的"市场结构"类型与股东治理行为》，载于《中国工业经济》2004 年第 6 期。

［8］何进日、武丽：《信息披露制度变迁与欺诈管制》，载于《会计研究》2006 年第 10 期。

［9］洪金明、徐玉德、李亚茹：《信息披露质量、控股股东资金占用与审计师选择——来自深市 A 股上市公司的经验证据》，载于《审计研究》2011 年第 2 期。

［10］侯晓红、李琦、罗炜：《大股东占款与上市公司盈利能力关系研

究》，载于《会计研究》2008年第6期。

[11] 胡锦华：《股票市场流动性与公司治理关系研究（上）——兼论我国股票市场的流通及改制问题》，载于《外国经济与管理》2000年第11期。

[12] 胡军、王甄、陶莹等：《微博、信息披露与分析师盈余预测》，载于《财经研究》2016年第5期。

[13] 计小青：《中国股票市场的发展：一个国际比较的视角》，载于《国际金融研究》2007年第6期。

[14] 贾莹丹：《中小股东异议的公司治理效应——来自审计师改聘议案的证据》，载于《审计研究》2015年第1期。

[15] 姜付秀、支晓强、张敏：《投资者利益保护与股权融资成本——以中国上市公司为例的研究》，载于《管理世界》2008年第2期。

[16] 蒋铁柱、陈强：《表决权集合：上市公司中小股东权益保护的有效途径》，载于《社会科学》2004年第12期。

[17] 孔东民、刘莎莎、黎文靖等：《冷漠是理性的吗？中小股东参与、公司治理与投资者保护》，载于《经济学（季刊）》2013年第1期。

[18] 孔东民、刘莎莎、应千伟：《公司行为中的媒体角色：激浊扬清还是推波助澜？》，载于《管理世界》2013年第7期。

[19] 黎文靖、孔东民：《信息透明度、公司治理与中小股东参与》，载于《会计研究》2013年第1期。

[20] 黎文靖、孔东民、刘莎莎等：《中小股东仅能"搭便车"吗？——来自深交所社会公众股东网络投票的经验证据》，载于《金融研究》2012年第3期。

[21] 李德文、刘定华：《股东权配置探讨》，载于《财经理论与实践》2006年第1期。

[22] 李培功、沈艺峰：《媒体的公司治理作用：中国的经验证据》，载于《经济研究》2010年第4期。

[23] 李倩、吴昊：《大数据背景下投资者行为研究的趋势分析：基于"内涵－思路－方法"的三重视角》，载于《中央财经大学学报》2017年第2期。

[24] 李庆峰、杨义群、蔡飞萍：《中国证券市场"效率悖论"求解——兼论 MM 定理和中国股市总市值的修正》，载于《管理世界》2003 年第 1 期。

[25] 李寿喜：《产权、代理成本和代理效率》，载于《经济研究》2007 年第 1 期。

[26] 李维安：《移动互联网时代的公司治理变革》，载于《南开管理评论》2014 年第 4 期。

[27] 李学峰：《上市公司股东投票权非完备性与股东行为选择》，载于《证券市场导报》2003 年第 3 期。

[28] 刘银国、焦健、于志军：《国有企业分红、自由现金流与在职消费——基于公司治理机制的考察》，载于《经济学动态》2016 年第 4 期。

[29] 刘银国、张琛：《自由现金流、管理层防御与企业绩效》，载于《经济学动态》2012 年第 4 期。

[30] 罗进辉：《媒体报道的公司治理作用——双重代理成本视角》，载于《金融研究》2012 年第 10 期。

[31] 曲红燕、武常岐：《公司治理在制度背景中的嵌入性——中国上市国有企业与非国有企业的实证研究》，载于《经济管理》2014 年第 5 期。

[32] 权小峰、吴世农：《管理层权力，私有利益与薪酬操纵》，载于《经济研究》2010 年第 11 期。

[33] 权小锋、吴世农：《投资者关注、盈余公告效应与管理层公告择机》，载于《金融研究》2010 年第 11 期。

[34] 沈艺峰、肖珉、林涛：《投资者保护与上市公司资本结构》，载于《经济研究》2009 年第 7 期。

[35] 沈艺峰、许年行、杨熠：《我国中小投资者法律保护历史实践的实证检验》，载于《经济研究》2004 年第 9 期。

[36] 沈艺峰、杨晶、李培功：《网络舆论的公司治理影响机制研究——基于定向增发的经验证据》，载于《南开管理评论》2013 年第 3 期。

[37] 沈征、肖志超：《基于媒体驱动的异质投资者交易行为分析》，载于《商业研究》2014 年第 3 期。

[38] 施东晖、陈启欢：《信息不对称下的投资者类型与交易行为——

来自上海股市的经验证据》，载于《经济科学》2004 年第 5 期。

[39] 宋双杰、曹晖、杨坤：《投资者关注与 IPO 异象——来自网络搜索量的经验证据》，载于《经济研究》2011 年第 1 期。

[40] 唐宗明、蒋位：《中国上市公司大股东侵害度实证分析》，载于《经济研究》2002 年第 4 期。

[41] 汪炜、叶建宏：《投资者不参与投票：信息不对称还是利益不相关》，载于《浙江大学学报（人文社会科学版）》2015 年第 3 期。

[42] 王化成、曹丰、叶康涛：《监督还是掏空：大股东持股比例与股价崩盘风险》，载于《管理世界》2015 年第 2 期。

[43] 王克敏、姬美光、李薇：《公司信息透明度与大股东资金占用研究》，载于《南开管理评论》2009 年第 4 期。

[44] 王明琳、徐萌娜、王河森：《利他行为能够降低代理成本吗？——基于家族企业中亲缘利他行为的实证研究》，载于《经济研究》2014 年第 3 期。

[45] 王鹏：《投资者保护、代理成本与公司绩效》，载于《经济研究》2008 年第 2 期。

[46] 魏明海、黄琼宇、程敏英：《家族企业关联大股东的治理角色——基于关联交易的视角》，载于《管理世界》2013 年第 3 期。

[47] 魏旭、肖潇、周羿：《投资者异质性，审计师选择和信号传递：理论模型与政策分析》，载于《浙江社会科学》2013 年第 4 期。

[48] 夏冬林、钱苹：《"搭便车"与公司治理结构中股东行为的分析》，载于《经济科学》2000 年第 4 期。

[49] 谢世飞：《构建防范中国股市暴涨暴跌的体制与机制研究》，西南师范大学出版社 2015 年版。

[50] 邢天才、宗计川：《中国上市公司股东投票出席行为研究——基于股权分置改革分类表决的实证分析》，载于《金融论坛》2009 年第 7 期。

[51] 熊家财、苏冬蔚：《股票流动性与代理成本——基于随机前沿模型的实证研究》，载于《南开管理评论》2016 年第 1 期。

[52] 徐莉萍、辛宇：《媒体治理与中小投资者保护》，载于《南开管理

评论》2011 年第 6 期。

[53] 徐龙炳、张大方：《中国股票市场"聪明投资者"行为研究》，载于《财经研究》2017 年第 4 期。

[54] 徐向艺、卞江：《公司治理中的中小股东权益保护机制研究》，载于《中国工业经济》2004 年第 9 期。

[55] 杨德明、林斌、王彦超：《内部控制、审计质量与代理成本》，载于《财经研究》2009 年第 12 期。

[56] 杨晶、沈艺峰、熊艳：《"散户"积极主义与公司现金股利政策——以舆论关注为研究视角》，载于《厦门大学学报（哲学社会科学版)》2017 年第 2 期。

[57] 杨晶、吴翠凤：《网络舆论压力对高管高薪酬的抑制作用研究》，载于《中国经济问题》2013 年第 6 期。

[58] 姚颐、刘志远：《投票权制度改进与中小投资者利益保护》，载于《管理世界》2011 年第 3 期。

[59] 尹飘扬、熊守春：《网络舆论压力、投资者保护和公司治理——基于股市异常停牌的经验证据》，载于《经济体制改革》2017 年第 2 期。

[60] 俞庆进、张兵：《投资者有限关注与股票收益——以百度指数作为关注度的一项实证研究》，载于《金融研究》2012 年第 8 期。

[61] 袁蓉丽、何鑫、李百兴等：《累积投票制和股东积极主义——基于格力电器董事选举的案例分析》，载于《财务与会计》2016 年第 19 期。

[62] 张继德、廖微、张荣武：《普通投资者关注对股市交易的量价影响——基于百度指数的实证研究》，载于《会计研究》2014 年第 8 期。

[63] 张玮玮：《互联网环境下中小股东权益维护——基于武锅 B 债转股方案遭中小股东否决分析》，载于《财务与会计》2015 年第 7 期。

[64] 张雅慧、万迪昉、付雷鸣：《股票收益的媒体效应：风险补偿还是过度关注弱势》，载于《金融研究》2011 年第 8 期。

[65] 郑秀田、许永斌：《控股股东攫取私利下中小股东的行为选择——"理性冷漠"还是"积极监督"?》，载于《经济评论》2013 年第 6 期。

[66] 郑志刚、李东旭、许荣等：《国企高管的政治晋升与形象工程——基

于 N 省 A 公司的案例研究》，载于《管理世界》2012 年第 10 期。

[67] 周开国、应千伟、钟畅：《媒体监督能够起到外部治理的作用吗? ——来自中国上市公司违规的证据》，载于《金融研究》2016 年第 6 期。

[68] A. E, W. F V, E. Z. The effect of liquidity on governance [J]. Review of Financial Studies, 2013 (6): 1443 - 1482.

[69] Aboody D, Hughes J, Liu J, et al. Are executive stock option exercises driven by private information? [J]. Review of Accounting Studies, 2008 (4): 551 - 570.

[70] Admati A R, Pfleiderer P. The "Wall Street Walk" and Shareholder Activism: Exit as a Form of Voice [J]. The Review of Financial Studies, 2009 (7): 2645 - 2685.

[71] Agrawal A K. Corporate Governance Objectives of Labor Union Shareholders: Evidence from Proxy Voting [J]. The Review of Financial Studies, 2012 (1): 187 - 226.

[72] Alexander Dyck N V A L. The Corporate Governance Role of the Media: Evidence from Russia [J]. Journal of Finance, 2008, 63 (3): 1093 - 1135.

[73] Allen F, Qian J, Qian M. Law, finance, and economic growth in China [J]. Journal of Financial Economics, 2005 (1): 57 - 116.

[74] Anabtawi I, Stout L. Fiduciary Duties for Activist Shareholders [J]. Stanford Law Review, 2008 (5): 1255 - 1308.

[75] Ang J S, Cole R A, Lin J W. Agency costs and ownership structure [J]. the Journal of Finance, 2000, 55 (1): 81 - 106.

[76] B B. The Media monopoly 6th ed [M]. Boston: Beacon, 2000.

[77] Ball R B P. An empirical evaluation of accounting income numbers [J]. Journal of accounting research, 1968: 159 - 178.

[78] Barber B M, Odean T. All That Glitters: The Effect of Attention and News on the Buying Behavior of Individual and Institutional Investors [J]. The Review of Financial Studies, 2008 (2): 785 - 818.

[79] Barber B M, Odean T, Zhu N. Do Retail Trades Move Markets? [J].

The Review of Financial Studies, 2009 (1): 151 - 186.

[80] Beatty R P, Zajac E J. Managerial Incentives, Monitoring, and Risk Bearing in Initial Public Offering Firms [J]. Journal of Applied Corporate Finance, 1995 (2): 87 - 96.

[81] Bebchuk L A. The Case for Increasing Shareholder Power [J]. Harvard Law Review, 2005, 118 (3): 833 - 914.

[82] Becht M, Franks J, Mayer C, et al. Returns to Shareholder Activism: Evidence from a Clinical Study of the Hermes UK Focus Fund [J]. Review of Financial Studies, 2010 (3): 3093 - 3129.

[83] Berkman H C R A F. Political connections and minority-shareholder protection: Evidence from securities-market regulation in China [J]. Journal of Financial and Quantitative Analysis, 2010, 2010, (6) (45): 1391 - 1417.

[84] Bharath S. T. J S N V. Exit as Governance: An Empirical Analysis [J]. The Journal of Finance, 2013, 68 (6): 2515 - 2547.

[85] Black B S, Coffee J C. Hail Britannia? Institutional Investor Behavior under Limited Regulation [J]. Michigan Law Review, 1994 (7): 1997.

[86] Black B. The corporate governance behavior and market value of Russian firms [J]. Emerging Markets Review, 2001 (2): 89 - 108.

[87] Bogan V. Stock Market Participation and the Internet [J]. Journal of Financial and Quantitative Analysis, 2008 (1): 191 - 211.

[88] Bradley M, Brav A, Goldstein I, et al. Activist arbitrage: A study of open-ending attempts of closed-end funds [J]. Journal of Financial Economics, 2010 (1): 1 - 19.

[89] Bradley M, Schipani C A, Sundaram A K, et al. The Purposes and Accountability of the Corporation in Contemporary Society: Corporate Governance at a Crossroads [J]. Law and Contemporary Problems, 1999 (3): 9.

[90] Brav A, Jiang W, Partnoy F, et al. Hedge Fund Activism, Corporate Governance, and Firm Performance [J]. The Journal of Finance, 2008 (4): 1729 - 1775.

[91] Bushman R M, Piotroski J D, Smith A J. What Determines Corporate Transparency? [J]. Journal of Accounting Research, 2004 (2): 207 – 252.

[92] Cai J, Walkling R A. Shareholders' Say on Pay: Does It Create Value? [J]. Journal of Financial and Quantitative Analysis, 2011 (2): 299 – 339.

[93] Chang E C, Lin T C, Ma X. Governance Through Trading: Does Institutional Trading Discipline Empire Building and Earnings Management? 6th Conference on Professional Asset Management 2013 [Z]. 2013.

[94] Chava S, Kumar P, Warga A. Managerial Agency and Bond Covenants [J]. The Review of Financial Studies, 2010 (3): 1120 – 1148.

[95] Chen Z K B Y Z. Does granting minority shareholders direct control over corporate decisions help reduce value decreasing corporate decisions in firms with concentrated share ownership? A natural experiment from China [J]. The Accounting Review, 2010, 88: 1211 – 1238.

[96] Chowdhury S D, Wang E Z. Institutional Activism Types and CEO Compensation: A Time – Series Analysis of Large Canadian Corporations [J]. Journal of Management, 2007 (1): 5 – 36.

[97] Clifford C P. Value creation or destruction? Hedge funds as shareholder activists [J]. Journal of Corporate Finance, 2008 (4): 323 – 336.

[98] Coffee J C. Racing towards the Top? The Impact of Cross – Listings and Stock Market Competition on International Corporate Governance [J]. Columbia Law Review, 2002 (7): 1757.

[99] Coffee J C. The Mandatory/Enabling Balance in Corporate Law: An Essay on the Judicial Role [J]. Columbia Law Review, 1989 (7): 1618.

[100] Da Z, Engelberg J G P. In Search of Attention [J]. The Journal of Finance, 2011, 66 (5): 1461 – 1499.

[101] Davis G F. Managed by the Markets: How Finance Re-shaped America [M]. New York: Oxford University Press, 2009.

[102] Davis G F, Kim E H. Business ties and proxy voting by mutual funds [J]. Journal of Financial Economics, 2007 (2): 552 – 570.

[103] Dellavigna S, Pollet J M. Investor Inattention and Friday Earnings Announcements [J]. The Journal of Finance, 2009 (2): 709 - 749.

[104] Desai A, Kroll M, Wright P. Outside board monitoring and the economic outcomes of acquisitions: a test of the substitution hypothesis [J]. Journal of Business Research, 2005 (7): 926 - 934.

[105] Dikolli S S, Kulp S L, Sedatole K L. Transient Institutional Ownership and CEO Contracting [J]. The Accounting Review, 2009 (3): 737 - 770.

[106] Djankov S, La Porta R, Florencio-de - Silanes, et al. The Law and Economics of Self - Dealing [J]. Journal of Financial Economics, 2008.

[107] Doidge C, Andrewkarolyi G, Stulz R. Why do countries matter so much for corporate governance? [J]. Journal of Financial Economics, 2007 (1): 1 - 39.

[108] Drake M S, Roulstone D T, Thornock J R. Investor Information Demand: Evidence from Google Searches Around Earnings Announcements [J]. Journal of Accounting Research, 2012 (4): 1001 - 1040.

[109] Durnev A K U, E H. To Steal or Not to Steal: Firm Attributes, Legal Environment, and Valuation [J]. The Journal of Finance, 2005 (3).

[110] Dyck A, Volchkova N, Zingales L. The Corporate Governance Role of the Media: Evidence from Russia [J]. The Journal of Finance, 2008 (3): 1093 - 1135.

[111] Dyck A, Zingales L. Control Premiums and the Effectiveness of Corporate Governance Systems [J]. Journal of Applied Corporate Finance, 2004, 16 (2 - 3): 51 - 72.

[112] Edmans A, Manso G. Governance Through Trading and Intervention: A Theory of Multiple Blockholders [J]. Review of Financial Studies, 2011, 24 (7): 2395 - 2428.

[113] Engelberg J, Sasseville C, Williams J. Market Madness? The Case of Mad Money [J]. Management Science, 2012 (2): 351 - 364.

[114] Engle E A. What you don't know can hurt you: human rights, share-

holder activism and SEC reporting requirements [J]. Syracuse Law Review, 2010 (57): 63 –96.

[115] Ertimur Y, Ferri F, Muslu V. Shareholder Activism and CEO Pay [J]. The Review of Financial Studies, 2011 (2): 535 –592.

[116] Faleye O. Cash and Corporate Control [J]. The Journal of Finance, 2004 (5): 2041 –2060.

[117] Feng L, Seaholes M S. Correlated Trading and Location [J]. The Journal of Finance, 2004 (5): 2117 –2144.

[118] Ferri F, Sandino T. The Impact of Shareholder Activism on Financial Reporting and Compensation: The Case of Employee Stock Options Expensing [J]. The Accounting Review, 2009 (2): 433 –466.

[119] Frankel R, Li X. Characteristics of a firm's information environment and the information asymmetry between insiders and outsiders [J]. Journal of Accounting and Economics, 2004 (2): 229 –259.

[120] GA De Bakker F D H F. Activists' influence tactics and corporate policies [J]. Business Communication Quarterly, 2008, 71 (1): 107 –111.

[121] Gantchev N. The costs of shareholder activism: Evidence from a sequential decision model [J]. Journal of Financial Economics, 2013, 107 (3): 610 –631.

[122] Gillan S L, Starks L T. The Evolution of Shareholder Activism in the United States [J]. Journal of Applied Corporate Finance, 2007 (1): 55 –73.

[123] Goodman J, Louche C, van Cranenburgh K C, et al. Social Shareholder Engagement: The Dynamics of Voice and Exit [J]. Journal of Business Ethics, 2014, 125 (2): 193 –210.

[124] Goranova M R L V. Shareholder activism: A multidisciplinary review [J]. Journal of Management, 2014, 40 (5): 1230 –1268.

[125] Grimaud F, Gromb. Public Trading and Private Incentives [J]. Review of Financial Studies, 2004, 17 (4): 985 –1014.

[126] Grullon G, Kanatas G, Weston J P. Advertising, Breadth of Owner-

ship, and Liquidity [J]. The Review of Financial Studies, 2004 (2): 439 - 461.

[127] Guay T, Doh J P, Sinclair G. Non - Governmental Organizations, Shareholder Activism, and Socially Responsible Investments: Ethical, Strategic, and Governance Implications [J]. Journal of Business Ethics, 2004 (1): 125 - 139.

[128] Guercio D. The motivation and impact of pension fund activism [J]. Journal of Financial Economics, 1999 (3): 293 - 340.

[129] Guo R, Kruse T A, Nohel T. Undoing the powerful anti-takeover force of staggered boards [J]. Journal of Corporate Finance, 2008 (3): 274 - 288.

[130] Hadani M, Goranova M, Khan R. Institutional investors, shareholder activism, and earnings management [J]. Journal of Business Research, 2011 (12): 1352 - 1360.

[131] Hamdani A, Yafeh Y. Institutional investors as minority shareholders [J]. Review of Finance, 2013, 17 (2): 691 - 725.

[132] Hillman A J, Shropshire C, Certo S T, et al. What I Like About You: A Multilevel Study of Shareholder Discontent with Director Monitoring [J]. Organization Science, 2011 (3): 675 - 687.

[133] Hirschman A O. Exit, voice, and loyalty: Responses to decline in firms, organizations, and states [M]. Harvard University Press, 1970.

[134] Hirshleifer D, Teoh S H. Limited attention, information disclosure, and financial reporting [J]. Journal of Accounting and Economics, 2003.

[135] Hollenbach D. Corporate Investments, Ethics, and Evangelical Poverty: A Challenge to American Religious Orders [J]. Theological Studies, 1973 (2): 265 - 274.

[136] James E, Gifford M. Effective Shareholder Engagement: The Factors that Contribute to Shareholder Salience [J]. Journal of Business Ethics, 2010: 79 - 97.

[137] Jensen M C, Meckling W H. Theory of the Firm: Managerial Behav-

ior, Agency Costs and Ownership Structure [J]. Journal of Financial Economics, 1976 (4): 305 – 360.

[138] K G. The influence of shareholders on corporate social responsibility [J]. Economics, Management and Financial Markets, 2010.

[139] K S. Policy makers work to give shareholders more boardroom clout [J]. The Wall Street Journal, 2009.

[140] Kahneman D T A. On the psychology of prediction [J]. Psychological review, 1973, 80 (4): 237.

[141] Kahneman D, Tversky A. Prospect theory: an analysis of decision under risk. [J]. Econometrica, 1979, 47: 263 – 291.

[142] Kahneman D, Tversky A. Choices, Values, and Frames [J]. American psychologist, 1984, 39 (4): 341.

[143] Karpoff J M, Malatesta P H, Walkling R A. Corporate governance and shareholder initiatives: Empirical evidence [J]. Journal of Financial Economics, 1996 (3): 365 – 395.

[144] Klapper L F, Love I. Corporate governance, investor protection, and performance in emerging markets [J]. Journal of Corporate Finance, 2004.

[145] Klein A, Zur E. The Impact of Hedge Fund Activism on the Target Firm's Existing Bondholders [J]. Review of Financial Studies, 2011 (5): 1735 – 1771.

[146] La Porta R, Lopez-de – Silanes F, Shleifer A, et al. Legal Determinants of External Finance [J]. Journal of Finance, 1997.

[147] La Porta R, Lopez-de – Silanes F, Shleifer A, et al. Investor protection and corporate governance [J]. Journal of Financial Economics, 2000, 58 (1 – 2): 3 – 27.

[148] La Porta R, Lopez-de – Silanes F, Shleifer. Law and Finance [J]. Journal of Political Economy, 1998.

[149] Lee M D P, Lounsbury M. Domesticating Radical Rant and Rage: An Exploration of the Consequences of Environmental Shareholder Resolutions on Cor-

porate Environmental Performance [J]. Business & Society, 2011 (1): 155 – 188.

[150] Levit D, Malenko N. Nonbinding Voting for Shareholder Proposals [J]. The Journal of Finance, 2011 (5): 1579 – 1614.

[151] Liebman B L, Milhaupt C J. Reputational Sanctions in China's Securities Market [J]. Columbia Law Review, 2008 (4): 929 – 983.

[152] Listokin Y. If You Give Shareholders Power, Do They Use It? An Empirical Analysis [J]. Journal of Institutional and Theoretical Economics, 2010, 166 (1): 38 – 53.

[153] Logsdon J M V B. Beyond the Proxy Vote: Dialogues between Shareholder Activists and Corporations [J]. Journal of Business Ethics, 2009: 353 – 365.

[154] Luo W, Zhang Y, Zhu N. Bank Ownership and Executive Perquisites: New Evidence from an Emerging Market [J]. Journal of Corporate Finance, 2011, 17 (2): 352 – 370.

[155] M G. The state of engagement between US corporations and shareholders [J]. Institutional Shareholder Services, 2011: 1 – 30.

[156] M S D E. Incentives in principal-agent relationships [J]. The Journal of Economic Perspectives, 1991: 45 – 66.

[157] M. K, E. R. Embattled CEOs [J]. Texas Law Review, 2010 (5): 987 – 1051.

[158] Marler J H, Faugère C. Shareholder Activism and Middle Management Equity Incentives [J]. Corporate Governance: An International Review, 2010 (4): 313 – 328.

[159] Maug E. Large Shareholders as Monitors: Is There a Trade – Off between Liquidity and Control? [J]. The Journal of Finance, 1998, 53 (1): 65 – 98.

[160] McLaren D. Global Stakeholders: corporate accountability and investor engagement [J]. Corporate Governance: An International Review, 2004 (2).

[161] Merton R C. A Simple Model of Capital Market Equilibrium with Incomplete Information [J]. Journal of Finance, 1987.

[162] Mitton T. Corporate governance and dividend policy in emerging markets [J]. Emerging Markets Review, 2004.

[163] Mitton T. A cross-firm analysis of the impact of corporate governance on the East Asian financial crisis [J]. Journal of Financial Economics, 2002 (2): 215 – 241.

[164] Parrino R, Sias R W, Starks L T. Voting with their feet: institutional ownership changes around forced CEO turnover [J]. Journal of Financial Economics, 2003 (1): 3 – 46.

[165] Porta R L L F S A. Investor protection: origins, consequences, and reform [R]. National Bureau of Economic Research, 1999.

[166] Proffitt W T, Spicer A. Shaping the shareholder activism agenda: institutional investors and global social issues [J]. Strategic Organization, 2006 (2): 165 – 190.

[167] Rehbein K, Logsdon J M, Buren H J. Corporate Responses to Shareholder Activists: Considering the Dialogue Alternative [J]. Journal of Business Ethics, 2013 (1): 137 – 154.

[168] Rojas M, M'Zali B, Turcotte M, et al. Bringing About Changes to Corporate Social Policy through Shareholder Activism: Filers, Issues, Targets, and Success [J]. Business and Society Review, 2009, 114 (2): 217 – 252.

[169] Rubin A, Rubin E. Informed Investors and the Internet [J]. Journal of Business Finance & Accounting, 2010, 37 (7 – 8): 841 – 865.

[170] Ryan L V, Buchholtz A K, Kolb R W. New Directions in Corporate Governance and Finance: Implications for Business Ethics Research [J]. Business Ethics Quarterly, 2010 (4): 673 – 694.

[171] Ryan L V, Schneider M. The Antecedents of Institutional Investor Activism [J]. The Academy of Management Review, 2002 (4): 554 – 573.

[172] Schroff S, Meyer S, Burghof H. Retail investor information demand-speculating and investing in structured products [J]. The European Journal of Finance, 2016, 22 (11): 1063 – 1085.

［173］ Seasholes M S, Wu G. Predictable behavior, profits, and attention ［J］. Journal of Empirical Finance, 2007 (5): 590 – 610.

［174］ Shleifer A, Vishny R W. A Survey of Corporate Governance ［J］. Journal of Finance, 1997 (2): 737 – 783.

［175］ Sjöström E. Shareholders as Norm Entrepreneurs for Corporate Social Responsibility ［J］. Journal of Business Ethics, 2010 (2): 177 – 191.

［176］ Sjöström E. Shareholder activism for corporate social responsibility: what do we know? ［J］. Sust. Dev. , 2008 (3).

［177］ Smith M P. Shareholder Activism by Institutional Investors: Evidence from CalPERS ［J］. The Journal of Finance, 1996 (1): 227 – 252.

［178］ Sparkes R, Cowton C J. The Maturing of Socially Responsible Investment: A Review of the Developing Link with Corporate Social Responsibility ［J］. Journal of Business Ethics, 2004 (1): 45 – 57.

［179］ Thomas R S, Cotter J F. Shareholder proposals in the new millennium: Shareholder support, board response, and market reaction ［J］. Journal of Corporate Finance, 2007 (2 – 3): 368 – 391.

［180］ Tumarkin R, Whitelaw R F. News or Noise? Internet Postings and Stock Prices ［J］. Financial Analysts Journal, 2001 (3): 41 – 51.

［181］ Vlastakis N, Markellos R N. Information demand and stock market volatility ［J］. Journal of Banking & Finance, 2012 (6): 1808 – 1821.

［182］ Wu R, Wang C. Does minority shareholder protection matter? Evidence from open-market share repurchases ［J］. Asia – Pacific Journal of Accounting & Economics, 2015 (3): 311 – 330.

［183］ Zingales L. In Search of New Foundations ［J］. The Journal of Finance, 2002 (4).

后 记

在中国的特殊制度背景下，中小投资者利益历来都是一个重要问题。我国中小投资者人数众多，是一个不可忽视的群体。他们在资本市场中既是资金的提供者，也是流动性的助推器，关系到上亿家庭和个人的切身利益。因此，在党的十九大精神的感召下，保护投资者尤其是中小投资者的利益，成为服务实体经济的基本保障，也是"以人民为中心"发展思想的重要体现。对此，监管部门视保护投资者合法权益为职责和使命，围绕投资者的知情权、参与权、收益权等各项基本权利，推出了一系列保护投资者的新举措。由此可见，推进中小投资者保护的各项工作已被决策层和实务界放在了比以往更为重要的位置。

在全民拥抱互联网的时代里，中小投资者迎来了他们的春天。网络新媒体的迅猛发展，使得这个时代中的每一个人都置身于丰富的信息资讯环境之中。作为公司中的中小股东，中小投资者们得以利用各种网络媒体获取公司资讯，关注公司发展，并进而作用于其治理行为。此外，深交所和上交所为广大投资者所建立的网络投票平台——互动易和上证e互动，也为中小股东在网络环境中表达意见提供了便利的"发声"渠道，成为其参与公司治理的重要方式之一；与此同时，网络技术的迅速发展，还使得股票交易网络平台成为中小股东进行股票买卖交易的主要途径，并成为其影响公司治理的重要"退出"渠道。由此可见，网络环境为保护中小投资者维护各项权益提供了新契机。因此，不同于传统的公司治理环境，网络环境下的中小股东在关注公司信息之后是否转变为一个积极的治理主体？其是否能够凭借一己之力保护自身利益？这即是本专著立足于当前的网络新环境对公司治理问题所做的思考。我将在今后一段时间着重关注这一领域的问题，同时也希望本专著中所关注的这些问题能够引起学者们的深思和共鸣。

这本专著是我和朱永祥老师经过多次探讨、交流后，在我的博士学位论文基础上修改而成。朱永祥老师头脑敏锐、思路清晰、知识渊博，是一位兼具丰富实务经验和扎实理论功底的学者，善于从纷繁复杂的现象中提炼科学问题。无论是在文献整理还是框架构建过程中，他都能够适时地给我提供建议或提出意见，给予了我莫大的帮助，为本专著的完成做出了不可忽视的贡献。

我的博士论文是形成这本专著的重要基础。回顾我的博士论文写作过程，疲倦中伴随着昂扬和激动，这是一段淬炼的历程，也是我人生中不可多得的一笔财富。

博士论文的准备工作艰辛而坎坷。为了寻找有意义的研究方向，我比较和研读了大量的研究文献。为了弥补自己在研究方法上的短板，我赴北京、上海参加各种会议和暑期培训。论文的写作过程也困难重重，比如一手数据的不可获得、数据整理的烦琐等。但这些问题最终都被逐个攻克。在此，我非常感谢我的导师夏成才先生，正是在恩师的指点、鼓励和严格要求下，我解决了研究过程中的诸多困惑，也坚定了我对学术的信仰。夏老师治学严谨的同时，对我们晚生后辈也非常理解和包容，这是我能够一路坚持下来的原动力。此外，我尤其还要感谢金融学院的黄孝武教授、李春涛教授等老师对我博士论文在选题方向和研究方法上的启发。正是与他们的交流之后，我认识到了自己的研究兴趣，并逐渐掌握了各种研究方法，进入到专业文献的搜集、整理和专项研读过程。

与此同时，我也非常感谢中南财经政法大学以及会计学院对我的培养。学校为博士研究生的培养制定了严格的培养和考核制度，还为我们的研究工作提供了丰富的馆藏资源，为我们研究工作的开展奠定了坚实的基础，也带给了我们研究的压力和动力；此外，博士课程学习期间，会计学院的唐国平、汤湘希、张龙平、王雄元等各位老师不仅传授我们专业理论知识，还教会我们正确的科研态度和严谨的科研精神。小南湖边的宁静和学院研究氛围的火热相得益彰，引领我走上了科研之路。我还要感谢史永、程亭、龚小凤、龚靓、李林红、袁奋强、冯丽丽、李龙会、蔡海静等博士同学，是他们陪伴我渡过博士在校的几年时光，帮我搜集一些数据资料，与我探讨论文写作过程中遇到的各个难题，使我的论文得以顺利推进。

然而，在职攻读博士学位的身份决定了我需要在教师与学生双重角色之间来回切换。我一方面要忙于在重庆的教学工作，另一方面又要在武汉开展我的学业。路途奔波和角色切换带给了我精神上的充实，也导致了我身体上的疲惫。在此，我非常感谢西南大学的领导和同事们，是他们分担了一部分我教学工作的重任，让我得以有更多精力投入到博士学习过程中去，也是他们常常和我探讨一些研究方法中的困惑，使我的研究工作能够不断持续下去。

博士论文的写作过程伴随着我韶华的逝去，也伴随着我生命的延续。我经历了学术中断的悲苦，却也品尝了初为人母的喜悦，但这意味着我必须面临着育儿、学习和工作的三重压力。因此，我特别感谢我的父母。他们为我默默地付出，分担着我育儿等家庭琐事的生活重担。

最后，我尤其要感谢我的先生朱永祥。我十分庆幸自己遇到了这样一位与我专业相同的人生伴侣。博士论文写作是一项费时耗力的工程，而他自始至终默默支持着我。他不仅在精神上时常给予鼓励，在生活上分担家务琐事和经济重任，还在学术上耐心地帮我在浩如烟海的资料中查找、整理和分析文献，帮我厘清思路，与我并肩攻克各个学术难题，使我能够完全沉浸在学术探索的世界里。

博士之路是一段苦修，于我而言更是一段漫长的涅槃之旅。我的博士论文在巴山夜雨的深秋里封笔，又在欧洲樱花飞舞的暮春里修订，最终形成了这本专著。本专著对于中小股东治理角色和治理行为的发现，与传统公司治理研究中对中小股东的定位并不完全一致。但是，正如法国数学家以及自然哲学家亨利·庞加莱（Henri Poincaré）在 1909 年布鲁塞尔自由大学（Vrije Universiteit Brussel）75 周年校庆上的这段演讲所述：除了事实本身，思想永远不应屈从于某种教条、某个党派、某种热情、某个利益、某种偏见或任何其他事物，因为就思想本身来说，屈从就意味着消亡（Thinking must never submit itself, neither to a dogma, nor to a party, nor to a passion, nor to an interest, nor to a preconceived idea, nor to anything whatsoever, except to the facts themselves, because for it to submit to anything else would be the end of its existence. ——Henri Poincaré, 1909）。因此，对于真理的追求和对这一问题的研究兴趣，也将支持我在这一领域继续尝试更多深入的探索。

　　本专著的修改和完成受到了西南大学农村经济与管理研究中心的大力支持，也得到了许多理论界和实务界专家的指导。我对此深表感谢。但限于时间和本人能力，本专著依然可能存在诸多不足之处，这将是我今后需要继续完善或改进的方向，也欢迎广大读者批评指正。

胡茜茜

2018 年 4 月 26 日于布鲁塞尔